글 / 윤상석

성균관대학교 생명과학과를 졸업하고 출판사에서 편집자로 일했습니다. 어렵고 딱딱한 과학을 어린이 독자들이 알기 쉽게 쓰고 그리는 작가로 활동 중입니다.
주요 작품으로 〈Who〉, 〈와이즈만 첨단 과학〉, 〈Why〉 시리즈, 《과학 쫌 알면 세상이 더 재밌어》, 《남극과 북극에도 식물이 있을까》, 《만화 통세계사》, 《최태성의 한능검 한국사》 등이 있으며, 사이언스타임즈의 객원 기자로 '만화로 푸는 과학 궁금증'을 연재했습니다

그림 / 박정섭

다양한 경험을 쌓다가 뒤늦게 그림 공부를 시작했습니다. 어릴 적에는 산만하다는 소리를 많이 들었습니다. 그래서 그런 줄 알고 살아왔지요. 하지만 시간이 흘러 뒤돌아보니 상상력의 크기가 산만 하단 걸 깨닫게 되었습니다. 이젠 그 상상력을 주위 사람들과 즐겁게 나누며 살고 싶습니다. 지금은 강원도 동해에서 지내고 있습니다.
그린 책으로 《검은 강아지》, 《그림책 쿠킹박스》, 《도둑을 잡아라》, 《놀자》, 《감기 걸린 물고기》, 《짝꿍》, 《싫어요 싫어요》, 《미래가 온다, 미래 식량》, 《숭민이의 일기(전10권)》 등이 있고, 쓰고 그린 시집으로 《똥시집》이 있습니다.

감수 / 이창희

고려대학교에서 수학, 대수 기하학 전공으로 이학 박사를 받았으며, 타원 곡선 암호 시스템 등 응용 수학 분야에서도 여러 편의 연구 논문을 발표했습니다. 삼성종합기술원 책임연구원, SK씨엔씨 연구소장, IEEE 논문심사위원을 지냈고 고려대학교, 국민대학교 등에서 겸임교수로 활동했습니다. 현재는 정보 통신 기술과 AI가 주도하는 디지털 문화와 과학 기술과의 관계에 관심을 두고 '변화를 꿈꾸는 과학 기술인 네트워크(ESC)' 회원으로, 그리고 IT 기업의 컨설팅 고문으로 활동하고 있습니다.
어린이를 위한 번역서로 《열두 살 궁그미를 위한 수학》 등이 있습니다.

초판 1쇄 발행 2024년 7월 30일
글 윤상석 / 그림 박정섭 / 감수 이창희
펴낸이 홍석 / 이사 홍성우 / 편집부장 이정은 / 편집 조유진 / 기획·외주편집 임형진
디자인 권영은·김영주 / 외주디자인 권석연 / 마케팅 이송희·김민경 / 제작 홍보람 / 관리 최우리·정원경·조영행
펴낸곳 도서출판 풀빛 / 등록 1979년 3월 6일 제2021-000055호
제조국 대한민국 / 사용연령 8세 이상
주소 서울특별시 강서구 양천로 583 우림블루나인 A동 21층 2110호
전화 02-363-5995(영업) 02-362-8900(편집) / 팩스 070-4275-0445
전자우편 kids@pulbit.co.kr / 홈페이지 www.pulbit.co.kr
블로그 blog.naver.com/pulbitbooks / 인스타그램 instagram.com/pulbitkids

ⓒ 윤상석 박정섭 임형진, 2024
ISBN 979-11-6172-667-0 74410 979-11-6172-665-6 74080 (세트)

책값은 뒤표지에 표시되어 있습니다.
파본이나 잘못된 책은 구입하신 곳에서 바꿔드립니다.
종이에 베이거나 긁히지 않도록 조심하세요. 책 모서리가 날카로우니 던지거나 떨어뜨리지 마세요.

한 컷마다 역사가 바뀐다

한 컷 속

수학사

윤상석 글 × 박정섭 그림 × 이창희 감수

풀빛

프롤로그

'숫자가 없던 시절에는 어떻게 수를 세었을까?'
'방정식은 언제 어떻게 시작되었을까?'

선사 시대 인류에게는 숫자가 없었어. 사냥과 채집을 하며 살았던 그들은 숫자가 없어도 사는 데 지장이 없었을 거야. 하지만 세월이 지나 가축을 기르기 시작하면서 가축의 수를 세어야 했지. 그러면서 인류의 수학은 시작되었어. 수학은 시간이 지날수록 점점 발전했고, 이제 인류 문명을 수학이라는 기둥이 떠받치고 있지. 수학이 없으면 더 이상 문명이 존재할 수 없는 세상이 된 거야.

이렇게 우리에게 중요한 수학이지만, 학교에서 배우는 수학을 어렵고 지루하게만 생각하는 사람이 많아. 하지만 수학의 역사를 살펴보면 수학은 어렵지도 않고 지루하지도 않지. 재미있고 흥미로운 이야기가 많이 숨어 있거든. 그런 이야기를 알아 가다 보면 어느새 수학이 다르게 보일 거야.

이 책에는 수학 역사의 수많은 이야기 중에서 어린이들이 꼭 알아야 할 중요한 발견이나 사건 60가지를 골라냈어. 읽다 보면 자연스럽게 수학의 발전 과정을 알게 되고 재미와 흥미를 느끼게 될 거야.

차례

01 (숫자가 탄생하기 전) **숫자가 없는 인류는 수를 어떻게 세었을까?** 010

02 (인류 최초의 문자로 기록된 숫자와 60진법) **60진법을 사용한 바빌로니아인** 012

03 (고대 이집트의 수학) **실용적인 수학에 관심 많은 고대 이집트** 014

04 (10진법을 사용한 고대 이집트) **사물의 모양을 본떠 숫자를 만들다** 016

05 (고대 이집트의 분수) **모든 분자가 1인 고대 이집트의 분수** 018

06 (고대 이집트의 곱셈과 나눗셈) **복잡한 고대 이집트의 곱셈과 나눗셈** 020

07 (고대 이집트의 기하학) **원둘레와 지름 사이에 일정한 비율이 있음을 알다** 022

08 (고대 중국의 숫자) **자릿값을 사용해 수를 나타내다** 024

09 (고대 인도의 10진법) **자릿값을 사용한 10진법이 탄생하다** 026

10 (고대 그리스의 수학) **수학 원리를 논리적으로 증명하려고 노력하다** 028

11 (탈레스의 도형 기본 정리) **도형의 다섯 가지 기본 정리를 증명하다** 030

12 (탈레스의 비례의 법칙) **비례의 법칙을 이용해 피라미드 높이를 알아내다** 032

13 (고대 그리스의 수학 체계를 세운 피타고라스) **세상의 모든 것은 수로 이루어졌다** 034

14 (피타고라스 정리의 증명) **직각삼각형의 원리를 증명하다** 036

15 (무리수의 발견) **세상에 존재할 수 없는 수가 발견되다** 038

| 16 | 황금비 | **세상에서 가장 아름다운 비율을 발견하다** 040
| 17 | 유클리드의 《기하학 원론》 | **고대 그리스의 기하학을 체계적으로 정리한 유클리드** 042
| 18 | 아르키메데스의 원주율 계산 | **처음으로 수학적인 계산을 통해 원주율 값을 구하다** 044
| 19 | 아르키메데스의 업적 | **원기둥과 구의 부피 값을 구하다** 046
| 20 | 에라토스테네스의 지구 둘레 계산 | **그림자로 지구 둘레를 계산하다** 048
| 21 | 에라토스테네스의 체 | **소수 찾는 방법을 알아내다** 050
| 22 | 동양 수학의 기본이 된 《구장산술》 | **동양 수학에 큰 영향을 미친 중국 고대 수학** 052
| 23 | 헤론의 공식 | **삼각형 세 변의 길이로 넓이를 알아내다** 054
| 24 | 수학 기호를 만든 디오판토스 | **방정식에 수학 기호를 사용하다** 056
| 25 | 로마의 수학 | **실용적인 수학에만 치중했던 로마의 수학** 058
| 26 | 중세 시대 초기의 유럽 수학 | **유럽이 그리스 수학을 잇다** 060
| 27 | 0을 처음 사용한 인도 | **0을 하나의 수로 받아들이다** 062
| 28 | 이슬람 제국의 수학 | **그리스 수학을 부활시킨 이슬람 제국** 064
| 29 | 인도-아라비아 숫자 | **아라비아, 인도 숫자를 받아들이다** 066
| 30 | 알 콰리즈미의 대수학 | **이항법을 이용한 방정식 풀이 방법이 탄생하다** 068

| 31 | 인도-아라비아 숫자의 유럽 전파 | **중세 유럽이 인도-아라비아 숫자를 만나다** 070
| 32 | 13세기 영국의 측정 단위 체계화 | **체계적인 측정 단위가 생기다** 072
| 33 | 르네상스 시대의 수학의 발전 | **상업의 발달이 수학을 발전시키다** 074
| 34 | 덧셈, 뺄셈, 등호 기호의 탄생 | **문자를 빠르게 쓰다가 탄생한 수학 기호** 076
| 35 | 방정식 기호의 발견 | **인쇄소에서 탄생한 방정식 기호 x, y, z** 078
| 36 | 삼차방정식의 해법 발견 | **약속을 어기고 발표된 삼차방정식 해법** 080
| 37 | 포물선 연구 | **포탄의 움직임에서 시작된 포물선 연구** 082
| 38 | 수학의 한 분야로 자리 잡은 확률 | **도박장에서 확률 연구가 시작되다** 084
| 39 | 소수 기호의 탄생 | **전쟁 자금 계산 때문에 탄생한 소수점** 086
| 40 | 루트의 발명 | **r을 변형하여 루트 기호($\sqrt{\ }$)를 만들다** 088
| 41 | 곱셈, 나눗셈 기호의 탄생 | **분수 모양에서 나온 나눗셈 기호** 090
| 42 | 데카르트의 해석기하학 | **천장에 붙은 파리로부터 탄생한 해석기하학** 092
| 43 | 음수의 사용 | **음수를 이해하기 시작하다** 094
| 44 | 허수의 발견 | **상상의 수, 허수를 발견하다** 096
| 45 | 로그의 발명 | **곱셈을 덧셈으로 바꿔 계산하면서 발명한 로그** 098

| 46 | 파스칼의 삼각형 | 현대 확률론의 기초를 닦은 파스칼 100
| 47 | 통계학의 출발 | 시민의 사망표 분석에서 통계가 시작되다 102
| 48 | 미분의 발견 | 움직이는 대상을 다루는 수학, 미분을 발견하다 104
| 49 | 적분의 발견 | 미분을 거꾸로 연산하는 적분의 발견 106
| 50 | 라이프니츠의 미적분 발견 | 미적분을 최초로 발표한 라이프니츠 108
| 51 | 위상 수학을 개척한 오일러 | 도형의 연결 상태만을 연구하는 새로운 수학의 탄생 110
| 52 | 미터법의 탄생 | 모든 사람과 모든 시대를 위한 단위를 만들다 112
| 53 | 나폴레옹과 수학 | 수학은 국력이다 114
| 54 | 천재 수학자 가우스 | 19세기 최고의 수학자, 가우스 116
| 55 | 비유클리드 기하학의 탄생 | 곡면이나 휘어진 공간에서 도형을 탐구하다 118
| 56 | 도량형의 통일 | 미터법이 세계적인 도량형이 되다 120
| 57 | 집합론의 탄생 | 무한 집합의 크기를 비교하다 122
| 58 | 컴퓨터의 탄생 | 0과 1을 이용해 컴퓨터를 발명하다 124
| 59 | 나비 효과와 카오스 이론 | 예측 불가능한 현상에서 규칙을 찾다 126
| 60 | 프랙털 이론 | 컴퓨터의 무한 반복 계산에서 프랙털이 시작되다 128

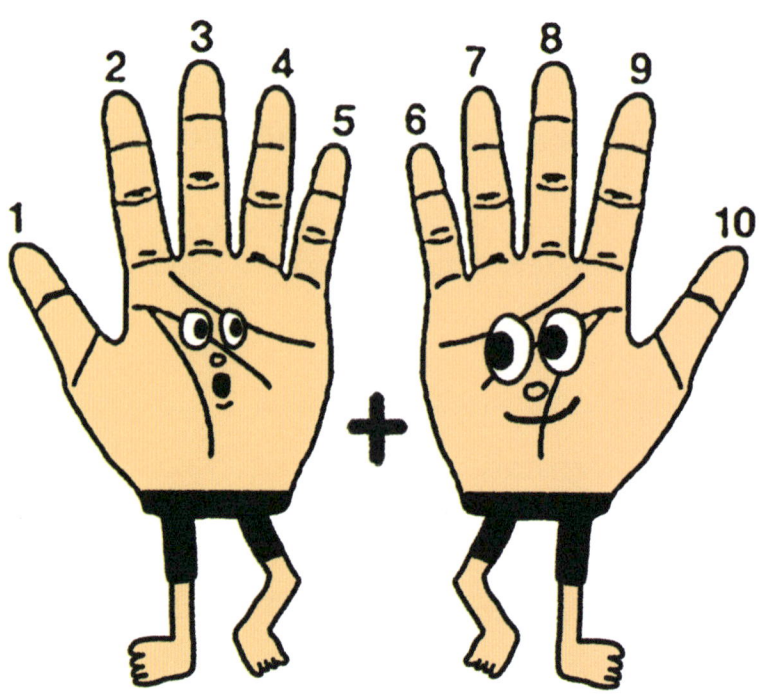

01 숫자가 탄생하기 전

숫자가 없는 인류는
수를 어떻게 세었을까?

숫자가 없던 아주 먼 옛날에는 어떻게 수를 세었을까? 구석기 시대 사람들은 단조로운 수렵과 채집 생활 탓에 셋 이상의 숫자를 몰라도 사는 데 지장이 없었어. 그런데 정착해서 농사를 짓고 가축을 기르던 신석기 시대에는 상황이 달랐지. 기르는 가축이 몇 마리인지는 알아야 했거든. 처음에는 가축 한 마리에 돌멩이나 나뭇가지 하나를 짝지어 그 수를 알았지. 그런데 그것들을 들고 다니기가 불편할 뿐 아니라 알아낸 수를 기억하려면 다른 방법이 필요했어. 그래서 동물 뼈나 나무에 눈금을 그어 수를 기록하기 시작했지. 기르는 가축의 수만큼 눈금을 새긴 거야. 대표적인 예가 아프리카 콩고 에드워드 호숫가 근처에서 발견된 2만 년 전의 동물 뼈야. 이 뼈에는 수를 표시하는 눈금이 새겨져 있어.

손가락을 이용해서 편리하게 숫자를 표시하기도 했어. 손가락을 하나씩 꼽으면 쉽게 수를 셀 수 있거든. 그런데 양손의 손가락을 모두 합쳐도 10개밖에 안 되어서, 10개가 넘는 수를 셀 수가 없었어. 사람들은 10개를 한 묶음으로 세는 방법을 알아냈어. 10개씩 모아서 다르게 표시했지. 1에서부터 10까지의 수를 가리키는 말도 생겼어. 이렇게 10개의 숫자로 모든 수를 나타내는 방법을 10진법이라고 해. 만약 손가락이 모두 6개였으면, 사람들이 6개의 숫자로 모든 수를 나타내는 6진법을 사용했을지도 몰라.

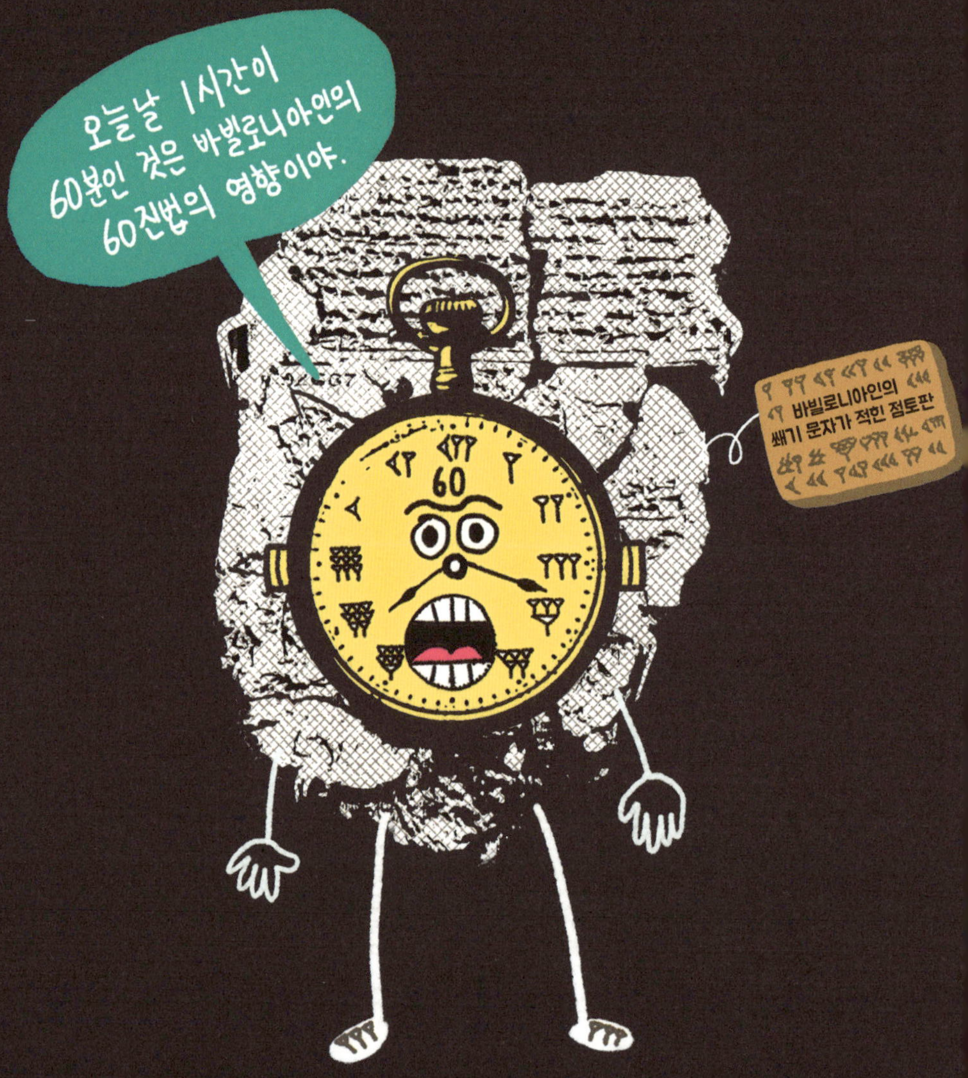

오늘날 1시간이 60분인 것은 바빌로니아인의 60진법의 영향이야.
바빌로니아인의 쐐기 문자가 적힌 점토판
60

02 인류 최초의 문자로 기록된 숫자와 60진법

60진법을 사용한 바빌로니아인

인류가 도시를 만들고 문명을 세우면서 문자와 기호가 탄생했지. 세계 최초의 4대 문명 중 하나인 메소포타미아 문명에서는 쐐기 모양을 본떠서 만든 쐐기 문자를 만들었는데, 이 문자를 기록한 점토판이 지금까지 전해 오고 있어. ==메소포타미아 문명의 바빌로니아인들은 숫자도 쐐기 문자로 나타냈어.== 1은 𒁹, 2는 𒁹𒁹, 3은 𒁹𒁹𒁹, 이런 식으로 9까지 나타냈고, 10은 𒌋로 나타냈으며, 20은 𒌋𒌋, 30은 𒌋𒌋𒌋였어. 그리고 22는 𒌋𒌋𒁹𒁹, 33은 𒌋𒌋𒌋𒁹𒁹𒁹로 나타냈어.

바빌로니아인들은 이런 쐐기 문자로 1부터 59까지의 수를 만들었어. 그런데 60은 다시 𒁹로 나타냈어. 대신 자릿수 하나를 올렸지. 자리가 하나씩 올라감에 따라 값이 60배 커지도록 수를 나타냈어. ==지금 우리가 쓰는 10진법이 아니라 60진법을 사용한 거야.== 바빌로니아인들이 복잡한 60진법을 사용한 이유는 나눗셈을 쉽게 하기 위해서야. 60은 2, 3, 4, 5, 6, 10, 12, 15, 20, 30으로 나누어떨어지므로 나눗셈하기 편하거든. 바빌로니아인들의 60진법은 지금도 우리 생활 속에 전해 오고 있어. 바로 시간이야. 60초가 1분이고, 60분은 1시간이잖아. 원의 중심각이 360도인 것도 60진법의 영향을 받았다고 해.

03 고대 이집트의 수학

실용적인 수학에 관심 많은 고대 이집트

메소포타미아 문명과 비슷한 시기에 아프리카 북동부 나일강 유역에는 세계 4대 문명 중 하나인 이집트 문명이 있었어. 나일강은 매년 비가 많이 오는 계절이면 홍수가 자주 일어났지. 홍수 때 강물이 주변 땅으로 넘쳐흐르면서 강 상류에서 떠내려온 비옥한 영양분이 땅을 기름지게 만들었어. 덕분에 농사짓기 좋은 땅이 되었지만, 땅의 경계가 모두 사라졌어. 그래서 나라에서는 관리를 보내 땅을 다시 측량하고 공평하게 농민들에게 나눠 주어야 했지. ==이런 이유로 고대 이집트에서는 도형을 연구하는 기하학이 발전했어.==

한편 고대 이집트는 왕의 권력이 강해지면서 화려한 왕궁을 짓고 왕의 무덤인 거대한 피라미드를 만들었으며, 신에게 나라의 안전과 번영을 빌기 위해 많은 신전을 지었어. 이집트 사람들은 이런 대형 건축물을 지을 때 수학을 사용했어. 건축물을 설계할 때와 건축 재료의 수량과 크기, 노동자의 급료 등을 계산할 때 수학이 필요했기 때문이야. ==이같이 고대 이집트에서는 실생활에 필요한 실용적인 수학에 관심이 많았어.==

또 고대 이집트인들은 밤하늘에 보이는 12개 별자리의 움직임을 이용하여 밤의 길이를 12등분했고, 이를 연장하여 낮도 12등분했어. 이것이 현재 우리가 사용하는 하루 24시간의 기원이야.

04 10진법을 사용한 고대 이집트

사물의 모양을 본떠 숫자를 만들다

고대 이집트 수학을 알려면 먼저 고대 이집트에서 어떻게 수를 나타냈는지 살펴봐야 해. <mark>고대 이집트 사람들은 글자나 숫자를 사물의 모양을 본떠서 만들었어.</mark> 고대 이집트의 숫자는 종이와 비슷한 파피루스에 기록되어 지금까지 전해 오고 있지. 당시 사람들은 나일강 유역에서 많이 자라는 갈대 풀인 파피루스의 줄기 껍질을 벗겨 파피루스 종이를 만들고 여기에 많은 기록을 남겼거든.

고대 이집트의 숫자 1은 막대기 모양으로 나타냈어. 2는 막대기 모양을 두 번 그렸고, 3은 막대기 모양을 세 번 그렸지. 9는 막대기 모양을 아홉 번 그렸어. 이렇게 수의 개수만큼 같은 그림을 반복했어. <mark>고대 이집트에서는 10진법을 사용해서</mark> 자릿수가 바뀌는 10부터는 모양이 바뀌었지. 10은 말발굽 모양으로 나타냈어. 20은 말발굽 모양을 두 번, 30은 세 번 그렸어. 다시 자릿수가 바뀌는 100은 밧줄 모양으로 나타냈어. 그리고 1,000은 연꽃 모양으로 나타냈지. 그래서 3,425를 나타내려면, 연꽃 3개, 밧줄 4개, 말발굽 2, 막대기 5개를 차례로 그려야 했어.

1,000을 넘는 자릿수도 있었어. 10,000은 집게손가락, 100,000은 올챙이 모양으로 나타냈지. 그리고 1,000,000은 놀라는 사람의 모습으로 나타냈어. 사람들이 놀랄 정도로 너무 큰 수라는 뜻일 거야.

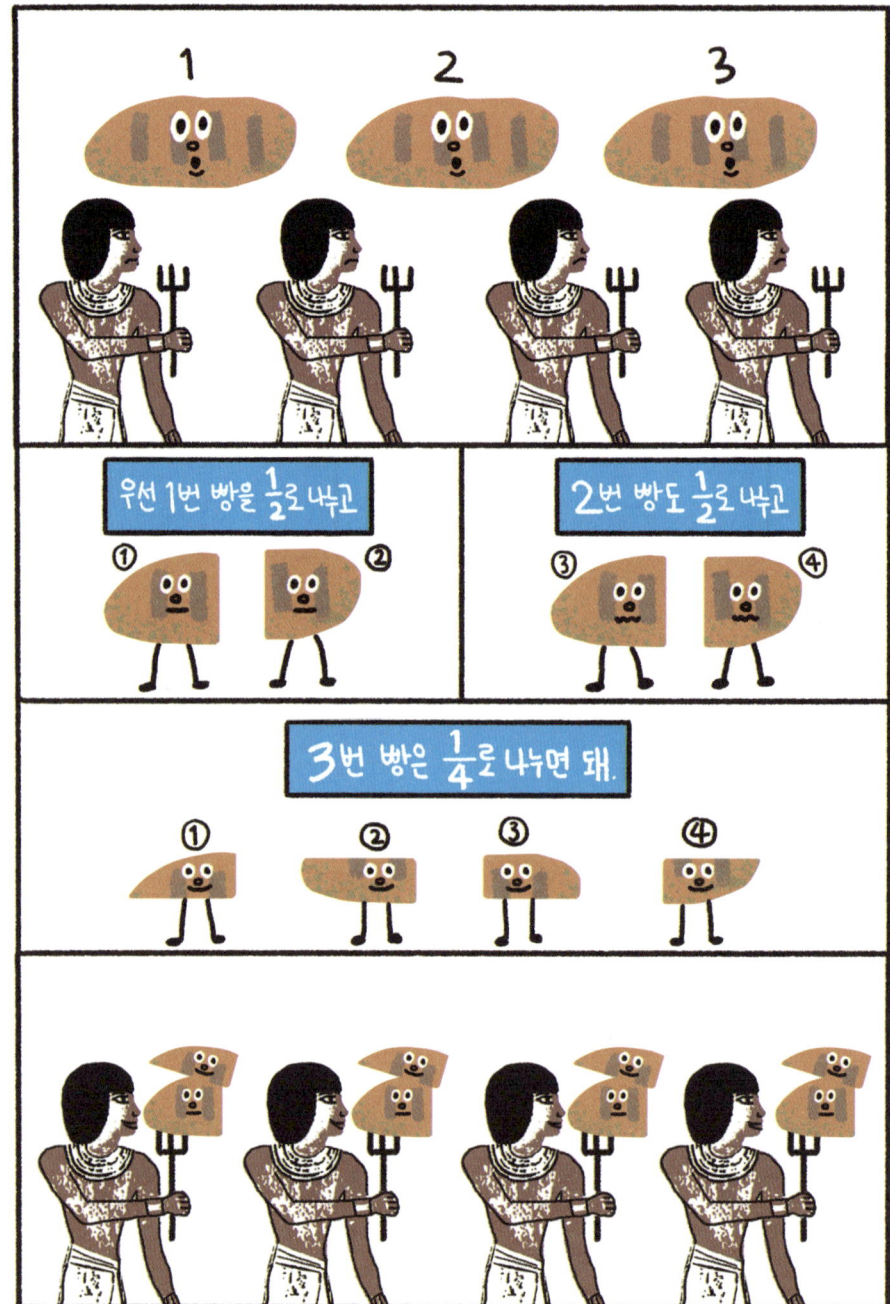

05 고대 이집트의 분수

모든 분자가 1인 고대 이집트의 분수

고대 이집트의 수학이 세상에 잘 알려진 이유는 기원전 1650년에 기록된 수학책 《아메스 파피루스》 덕분이야. 《아메스 파피루스》는 현재까지 알려진 세상에서 가장 오래된 수학책이야. 고대 이집트의 서기관 아메스가 파피루스에 기록한 이 책에는 도형의 넓이를 구하는 법과 물건을 사람들에게 나누어 줄 때 필요한 분수 등과 같이 실제 생활에 필요한 수학 문제가 담겨 있어.

《아메스 파피루스》를 통해 고대 이집트에서 사용한 분수에 대해 살펴볼까. 고대 이집트에서는 피라미드 등의 대형 건축물을 지을 때 동원된 노동자들에게 빵이나 보리 등의 곡식을 급료로 지급했어. 이집트 관리에게는 급료를 공평하게 분배하는 것이 중요한 일이었고, 이때 분수가 필요했지.

그런데 고대 이집트에서 분수는 모든 분자가 1이어야 했어. 그래서 $\frac{3}{4}$는 $\frac{1}{2}+\frac{1}{4}$로 나타냈고, $\frac{7}{8}$은 $\frac{1}{2}+\frac{1}{4}+\frac{1}{8}$로 나타냈어. 당시 이집트 관리는 빵 3개로 4명의 노동자에게 나누어 줄 때, 먼저 2개의 빵을 2등분하여 4명에게 $\frac{1}{2}$ 조각씩 나누어 주었어. 그러면 빵 하나가 남는데, 남은 빵 하나를 다시 4등분하여 4명에게 $\frac{1}{4}$ 조각씩 나누어 주었지. 결국 나누는 방법 때문에 $\frac{3}{4}$를 $\frac{1}{2}+\frac{1}{4}$로 나타내게 된 거야.

06 고대 이집트의 곱셈과 나눗셈

복잡한 고대 이집트의 곱셈과 나눗셈

《아메스 파피루스》에는 곱셈에 대해서도 나와. 고대 이집트 사람들은 모든 정수를 1에서 시작하여 두 배씩 늘어나는 수들의 합으로 나타낼 수 있다는 사실을 알고 있었어. 11은 1+2+8로, 23은 1+2+4+16으로 나타낼 수 있지. 12×24의 경우, 두 열을 만들고, 곱하고자 하는 수 중 큰 수인 24를 오른쪽 열에 두고 그 아래로 수를 두 배씩 늘려. 왼쪽 열에는 1에서 시작하여 그 아래로 수를 계속 2배씩 늘리는 거야. 단, 곱하고자 하는 수 중 작은 수인 12를 넘지 않아야 해. 그러면 왼쪽 열은 1, 2, 4, 8로 나열되고, 오른쪽 열은 24, 48, 96, 192로 나열돼. 왼쪽 열에서 4와 8을 더하면 12가 된다는 사실을 알 수 있어. 4와 8에 해당하는 오른쪽 열의 수 96과 192를 더하면 288이 되지. 이것이 12×24의 답이야.

나눗셈은 곱셈 방법을 응용했어. 24÷4의 경우, 왼쪽 열은 곱셈과 마찬가지로 1에서 시작하여 그 아래로 수를 계속 2배씩 늘리고, 오른쪽 열은 4를 24가 넘지 않을 때까지 계속해서 2배씩 늘려. 왼쪽 열은 1, 2, 4로 나열되고, 오른쪽 열은 4, 8, 16으로 나열돼. 오른쪽 열에서 8과 16의 합은 24가 된다는 사실을 알 수 있어. 8과 16에 해당하는 왼쪽 열의 수 2와 4를 더하면 6이 되지. 이것이 24÷4의 답이야. 복잡하긴 해도 수천 년 전에 이러한 방법을 써서 곱셈과 나눗셈을 했다는 사실이 매우 놀라워.

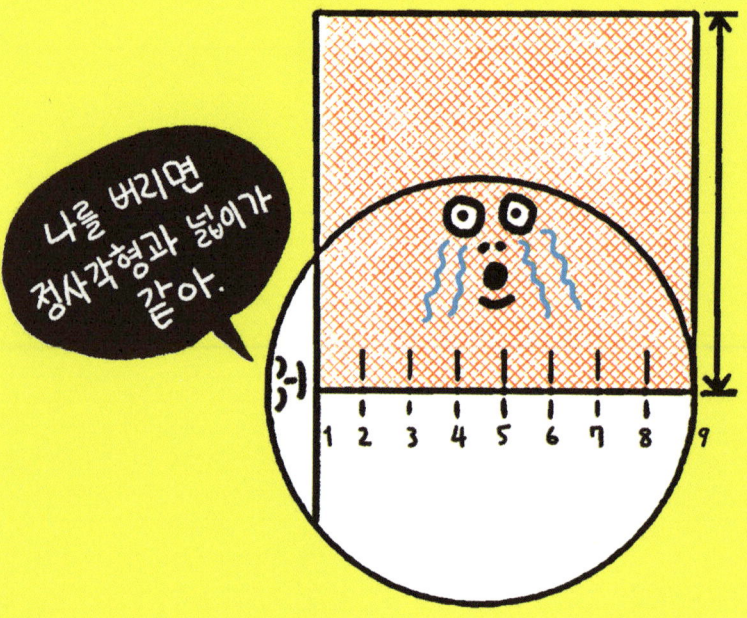

07 고대 이집트의 기하학
원둘레와 지름 사이에 일정한 비율이 있음을 알다

《아메스 파피루스》를 살펴보면 고대 이집트의 기하학 수준도 엿볼 수 있어. 고대 이집트 사람들은 원의 넓이를 구하기 위해 노력했어. 원의 넓이를 쉽게 알아내려면 원의 둘레인 원주를 원의 지름으로 나눈 비인 원주율 값이 필요하다는 거 알고 있지? 원주율은 원의 크기가 작든 크든 상관없이 늘 3.14로 일정하잖아. 정확히는 3.1415926535……처럼 무한히 이어지는 숫자야.

원주율을 알 수 없었던 고대 이집트 사람들은 원의 넓이와 같은 정사각형을 찾기 위해 노력했어. 그래서 원 지름을 9등분한 다음, 9등분하여 나온 9개의 값 중 하나를 버린 나머지 8개의 값을 한 변으로 하는 정사각형의 넓이가 그 원의 넓이와 같다고 생각했어. 다시 말해 지름이 9인 원과 한 변이 8인 정사각형의 넓이가 같다는 거지. 그럼 지름이 9인 원을 원주율 3.14로 계산해서 정말 그런지 확인해 볼까? 원의 넓이는 반지름의 제곱에 원주율을 곱하면 되므로, 4.5 × 4.5 × 3.14는 63.59야. 그리고 한 변이 8인 정사각형의 넓이는 두 변을 서로 곱하면 되니까 8 × 8은 64야. 거의 차이가 나지 않아. ==고대 이집트 사람들은 원의 둘레와 지름 사이에 일정한 비율이 있다는 것을 알아낸 거야.== 하지만 그 값을 정확히 알지 못했고 그 비율이 나타나는 이유도 알지 못했어.

08 고대 중국의 숫자
자릿값을 사용해 수를 나타내다

세계 4대 문명 중 하나인 황하 문명이 있는 고대 중국은 기원전 1300년 무렵부터 글자를 만들어 썼어. 그 글자는 바로 '갑골 문자'야. 거북의 등이나, 소, 양의 뼈에 새겨진 갑골 문자가 많이 발견되었는데, 이렇게 발견된 갑골 문자에는 고대 중국인이 썼던 숫자도 있어. 갑골 문자에 쓰인 숫자를 보면, 고대 중국인은 고대 이집트의 10진법보다 훨씬 발전한 10진법을 사용했음을 알 수 있어.

그런데 갑골 문자의 숫자는 직접 계산에 사용하기 힘들어. 그래서 기원전 2세기경부터 막대를 수직이나 수평으로 놓아 1에서 9까지 나타내는 산목(산가지)이 등장했어. 1에서 9까지 막대를 수직으로 놓으면, Ⅰ, Ⅱ, Ⅲ, Ⅲ, Ⅲ, Ⓣ, Ⓣ, Ⓣ, Ⓣ이고, 수평으로 놓으면 ─, ═, ≡, ≣, ≣, ⊥, ⊥, ⊥, ⊥야. 일반적으로 수직 막대는 일의 자릿수, 백의 자릿수, 만의 자릿수를 나타내고, 수평 막대는 십의 자릿수와 천의 자릿수를 나타냈어. <mark>고대 중국인들은 숫자가 놓여 있는 위치에 따라 그 수의 양이 달라지는 자릿값을 사용한 거야.</mark> 예를 들어 64는 ⊥Ⅲ, 87은 ⊥Ⓣ로 나타냈지. 만약 502처럼 0이 들어가는 경우에는 0 부분을 빈칸으로 남겨 두었어.

09 고대 인도의 10진법

자릿값을 사용한 10진법이 탄생하다

　세계 4대 문명 중 하나인 인더스 문명을 품었던 고대 인도에서도 숫자를 사용했어. 기원전 3세기경 아소카왕이 세운 돌기둥에서 고대 인도의 숫자 모양을 찾을 수 있지만, 기원전에 기록된 수학 내용이 거의 없어 자세히 알 수가 없어. 다만 고대 인도인들도 10진법을 사용했음은 알 수 있지. 하지만 숫자 위치에 따라 값이 달라지는 자릿값이 없어 10, 20, 30, 40 등 십의 자리와 100, 200, 300 등 백의 자리, 1,000, 2,000 등 천의 자리의 수 각각에 특별한 기호를 사용했어.

　그러다 1세기 초에 인도에 자릿값을 사용한 10진법이 생겨났어. 이 10진법은 다른 문명의 10진법보다 훨씬 발달했지. 10개의 기호로 모든 수를 나타낼 수 있었거든. 숫자의 위치에 따라 일의 자리, 십의 자리라고 말하는 자릿값을 나타낼 수 있었지. ==자리가 하나씩 올라감에 따라 값이 10배씩 커지도록 자릿값을 사용해 수를 나타낸 거야.== 이 체계는 오늘날 우리가 사용하는 10진법으로 이어져.

　하지만 고대 인도에서는 1부터 9까지의 기호는 있었지만, 0은 발명되지 않았어. 주로 물건의 개수를 세거나 수량을 표시하기 위해 숫자를 만들었으므로, 아무것도 없음을 나타내는 기호는 필요하지 않았던 거야.

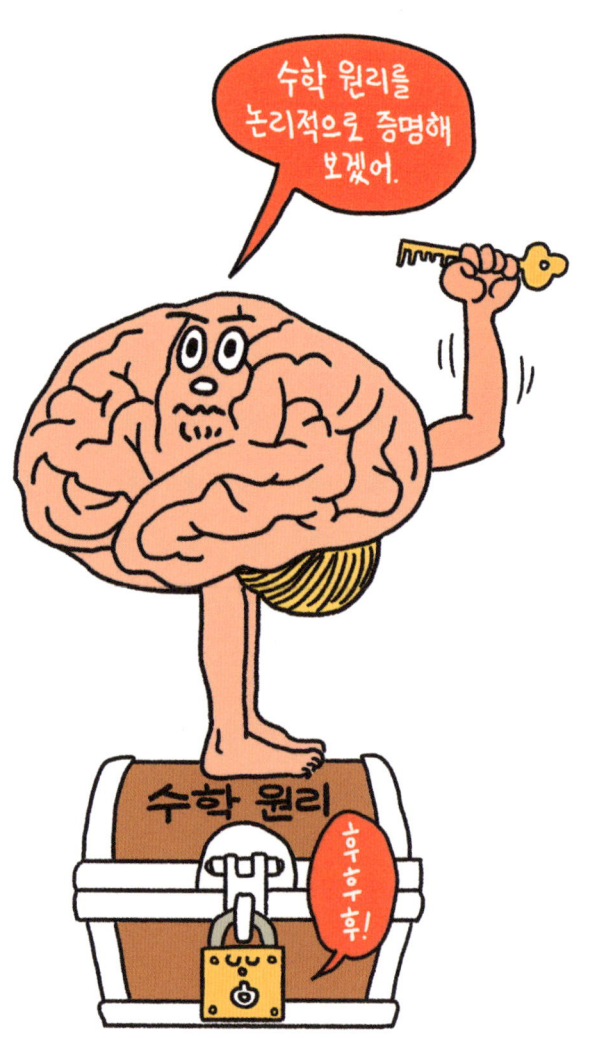

10 고대 그리스의 수학

수학 원리를 논리적으로 증명하려고 노력하다

고대 바빌로니아와 고대 이집트가 문명을 꽃피우는 사이에 지중해 동부 에게해 연안에 새로운 문명이 탄생했어. 바로 고대 그리스 문명이야. 고대 그리스 사람들은 상업을 발전시켜 해상 무역으로 많은 돈을 벌었고, 문화를 발달시켰어. 그들은 지중해 동쪽 페니키아 사람들이 만든 문자를 자기들에게 맞게 변형해 사용했는데, 그리스 알파벳으로 알려진 이 문자는 훗날 영어 알파벳으로 이어져. 고대 그리스 사람들은 숫자도 이 그리스 알파벳으로 만들었어. 그리스 알파벳을 바탕으로 숫자마다 고유한 문자를 만들었거든. 그러면서 수를 간단하고 정확하게 표현할 수 있었어.

고대 그리스 사람들은 자연 현상을 신의 섭리라고 믿었던 주변 민족들과 달리 '왜 그럴까?'라고 의문을 품었어. 그리고 그 답을 구하기 위해 노력했지. 수학에서도 마찬가지야. ==고대 이집트는 땅을 측량하거나 건물을 지을 때 필요한 실용적인 수학을 중시했지만, 고대 그리스는 '왜 그럴까?'라는 의문을 품고 수학 원리를 논리적으로 증명하기 위해 노력했어.== 고대 이집트에서 방법적인 수학이 발전했다면, 고대 그리스에서는 논리적인 수학이 발전한 거야. 그래서 고대 그리스 사람들은 수 자체나 공식, 도형의 성질에 관한 연구를 많이 했어. 그러면서 이집트 사람들이 상상할 수 없을 만큼 수학을 크게 발전시켰지.

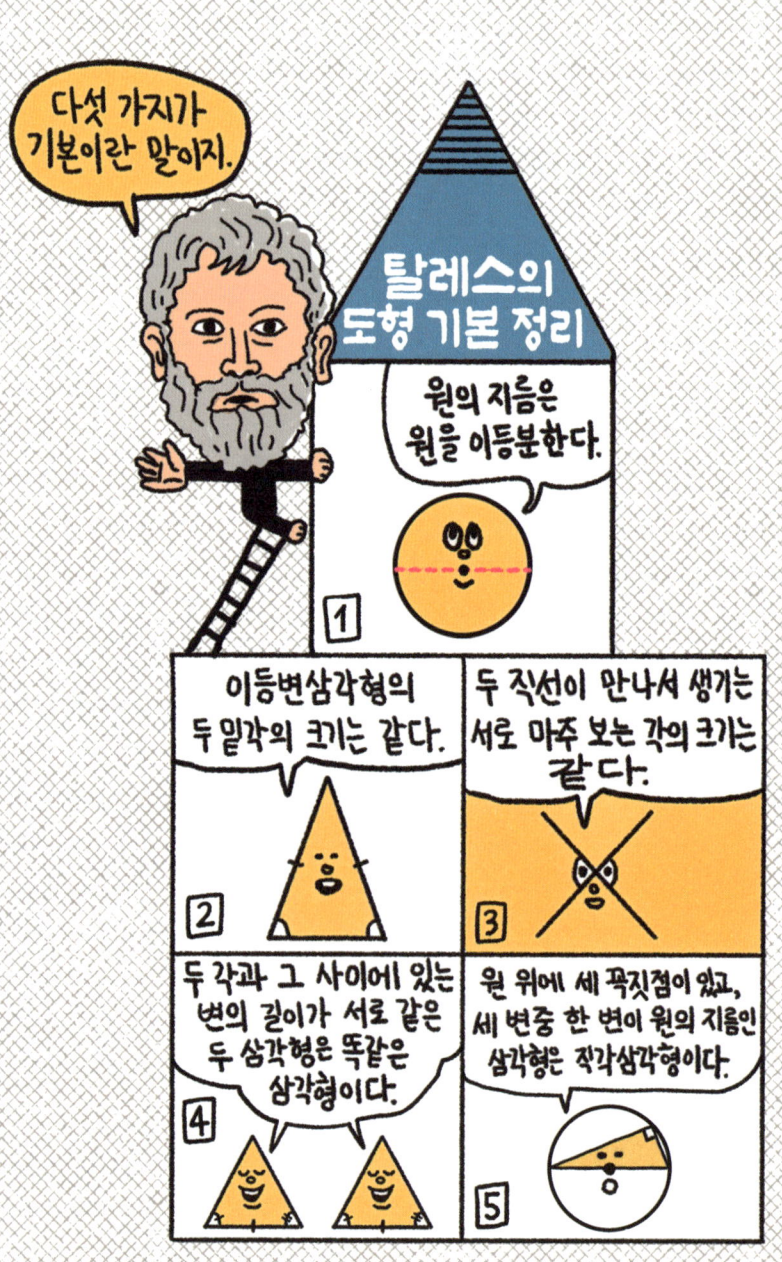

11. 탈레스의 도형 기본 정리

도형의 다섯 가지 기본 정리를 증명하다

고대 그리스 수학의 기초를 세운 사람은 기원전 600년경, 활동했던 철학자 탈레스였어. 상인이었던 탈레스는 이집트를 자주 왕래하면서 기하학 지식을 많이 배웠지. 그는 자기가 배운 기하학 지식이 진실인지를 논리에 맞게 증명하기 위해 노력했는데, 그 과정에서 수학의 다양한 성질과 규칙을 발견했어.

그중 하나가 도형의 다섯 가지 기본 정리야. 첫째, 원의 지름은 원을 이등분한다. 둘째, 이등변삼각형의 두 밑각의 크기는 같다. 셋째, 두 직선이 만나서 생기는 서로 마주 보는 각의 크기는 같다. 넷째, 두 각과 그 사이에 있는 변의 길이가 서로 같은 두 삼각형은 똑같은 삼각형이다. 다섯째, 원 위에 세 꼭짓점이 있고 세 변 중 한 변이 원의 지름인 삼각형은 직각삼각형이다.

==탈레스는 누구나 직관적으로 받아들일 수 있는 내용일지라도 항상 의문을 품고, 스스로 논리적 증명을 통해 수학의 기초를 다져 놓았던 거야.== 탈레스가 증명하기 전에는 이러한 내용이 왜 맞는지 아무도 논리에 맞게 설명하지 못했어. 그래서 그를 최초의 수학자라고 불러. 탈레스의 영향으로 사람들은 수학에서 논리에 맞게 증명된 이론만이 참된 명제가 될 수 있다고 생각했어. 참고로 '명제'는 그 내용이 참인지 거짓인지를 명확하게 판별할 수 있는 문장이나 식이고, 참인 명제를 '정리'라고 불러.

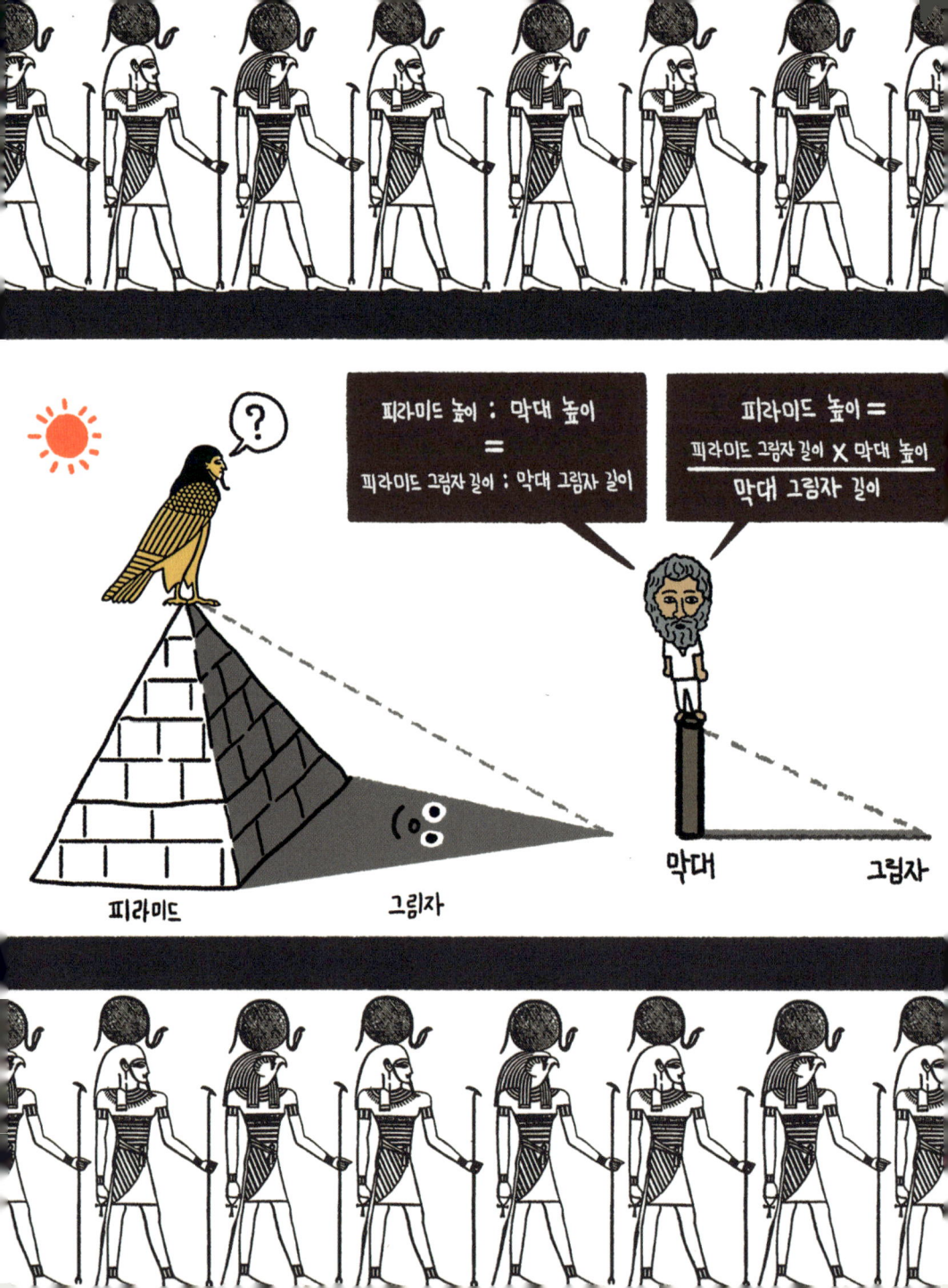

| 12 | 탈레스의 비례의 법칙 |

비례의 법칙을 이용해 피라미드 높이를 알아내다

탈레스는 비례의 법칙도 발견했어. 관련된 일화가 있어. 탈레스는 이집트로 여행을 갔다가 이집트의 왕에게 피라미드의 높이를 측정해 달라는 부탁을 받았어. 당시 측정 기술로는 피라미드처럼 거대한 건축물의 높이를 알아내는 일은 매우 어려운 일이었지. 그는 시간에 따라 태양 위치가 달라지면서 자기 그림자 길이도 달라진다는 사실을 깨닫고, 피라미드 그림자를 이용해 피라미드 높이를 알아내려 했어. ==자신의 그림자 길이가 자기 실제 키와 똑같을 때 피라미드 그림자 길이도 피라미드 실제 높이와 똑같다고 생각한 거야.==

그는 피라미드에서 조금 떨어진 곳에 막대 하나를 세우고 막대 높이와 막대 그림자 길이를 측정했어. 그리고 피라미드 그림자 길이도 측정했지. 그리고 측정한 값을 토대로 다음과 같은 비례식을 완성했어.

피라미드 높이 : 막대 높이 = 피라미드 그림자 길이 : 막대 그림자 길이.

막대 높이가 1m, 피라미드 그림자 길이가 200m, 막대 그림자 길이가 2m라면, x : 1 = 200 : 2가 되는 거야. 여기서 탈레스가 사용한 비례의 법칙은 '외항의 곱은 내항의 곱과 같다'야. 위의 식에서 바깥쪽에 있는 x와 2가 외항이고, 안쪽에 있는 1과 200이 내항이지. 따라서 $x \times 2 = 1 \times 200$이고, x는 100이므로, 피라미드의 높이는 100m야.

13 고대 그리스의 수학 체계를 세운 피타고라스

세상의 모든 것은 수로 이루어졌다

고대 그리스에서 수학의 체계를 세운 사람은 피타고라스야. 피타고라스는 이집트와 바빌로니아에서 공부한 후에 그리스로 돌아와 학교를 세우고 제자들을 가르쳤지. 주로 철학과 수학, 자연 과학을 가르쳤는데, 함께 공부한 사람들을 피타고라스학파라고 불러. 그들은 세상 모든 것이 수로 이루어졌다고 생각하고 수를 신성하게 여겼어. 음률도 수로 표현할 수 있고, 수의 성질을 연구하면 우주 진리를 알 수 있다고 믿었어.

피타고라스와 그의 제자들은 친화수, 완전수, 부족수, 과잉수, 도형수 등을 발견했지. 친화수는 두 수가 서로 상대편의 진약수(자기를 제외한 약수들) 합이 되는 수야. 예를 들어 220와 284는 친화수이지. 220의 진약수의 합은 284이고, 284의 진약수의 합은 220이거든. 완전수는 진약수의 합이 자기 자신이 되는 수야. 예를 들어 6의 진약수는 1, 2, 3이고 그 합이 6이므로 6은 완전수야. 부족수는 진약수의 합이 원래 수보다 작은 경우이고, 과잉수는 진약수의 합이 원래 수보다 큰 경우야.

피타고라스는 도형의 형태로 놓이는 점들의 개수를 세어 여러 가지 도형수도 발견했어. 예를 들어 3, 6, 10개의 점은 삼각형 형태로 놓일 수 있으므로 삼각수라고 불렀고, 4, 9, 16개의 점은 사각형 형태로 놓일 수 있으므로 사각수라고 불렀어.

$a^2 + b^2 = c^2$

14 피타고라스 정리의 증명

직각삼각형의 원리를 증명하다

    피타고라스학파가 남긴 가장 큰 업적은 직각삼각형의 원리인 피타고라스의 정리를 증명한 거야. 피타고라스 정리는 '직각삼각형은 빗변의 제곱이 나머지 두 변의 제곱의 합과 같다'이지. 세 변이 3 : 4 : 5의 비율인 삼각형은 모두 직각삼각형이고 $3^2 + 4^2 = 5^2$이 된다는 거야. 피타고라스는 우연히 바닥에 깔린 타일을 보고 직각삼각형의 원리에 대한 증명 방법을 발견했어. 직각삼각형의 밑변과 높이를 각각 한 변으로 하는 정사각형의 넓이의 합은 직각삼각형의 빗변을 한 변으로 하는 정사각형의 넓이와 같음을 발견한 거야. 이 발견에 너무나 기쁜 나머지 피타고라스는 소 100마리를 잡아 기념제를 올렸다고 해.

    그런데 피타고라스의 정리는 피타고라스가 처음 알아낸 건 아니야. 고대 이집트와 바빌로니아 사람들은 세 변이 3 : 4 : 5의 비율인 삼각형은 모두 직각삼각형이라는 사실을 이미 알고 있었지만, 그 원리를 알지 못했어.

    피타고라스가 처음으로 그 원리를 알아내고 증명한 거야. 그래서 '피타고라스 정리'라고 부르게 되었지. 피타고라스는 수학에 본격적으로 증명을 도입했다는 것에서 큰 의미가 있어. 수학은 피타고라스에 의해 새롭게 출발했다고 할 수 있지.

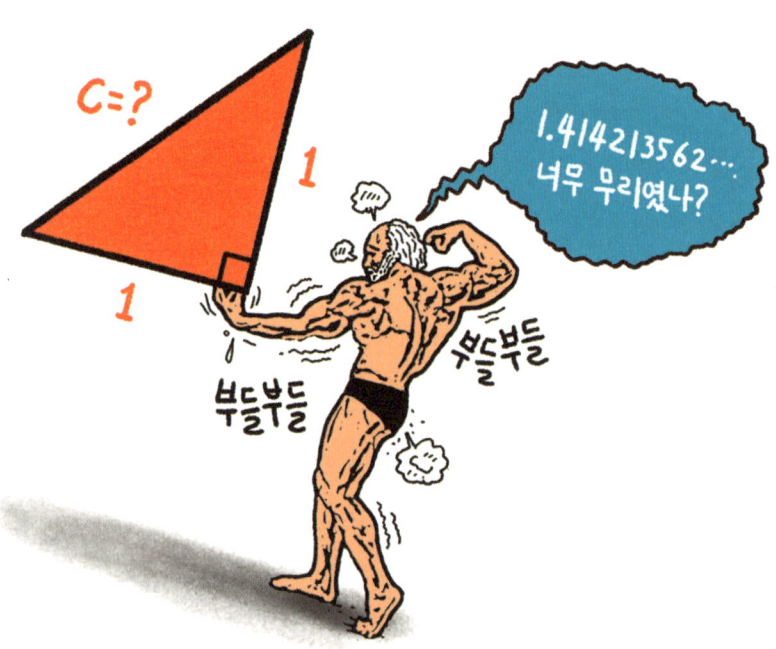

15 무리수의 발견
세상에 존재할 수 없는 수가 발견되다

피타고라스학파는 모든 직각삼각형의 두 변 a, b와 빗변 c는 $a^2 + b^2 = c^2$라는 피타고라스 정리를 증명한 후에 고민에 빠졌어. 만약 직각삼각형의 두 변 a와 b가 각각 1일 경우에는 $1^2 + 1^2 = c^2$가 되므로, $c^2 = 2$가 되어야 하지. 같은 수를 두 번 곱해서 2가 나오는 수는 1.414213562……로 그 값이 소수점 아래로 무한히 계속되어 자연수나 분수에 존재하지 않는 수이거든. 그런데 피타고라스는 세상 모든 것이 자연수와 자연수의 비로 표현된다고 굳게 믿었어. 세상에 존재할 수 없는 수가 나왔으니 피타고라스학파는 고민에 빠진 거야. 이렇게 그 값이 소수점 아래로 무한히 계속되는 수를 무리수라고 불러. 참고로 나중에 여러 가지 수에 대한 이름이 정해지는데, 자연수와 0, 음의 정수를 합쳐서 정수라 부르고, 정수와 분수를 합쳐서 유리수라고 부르지. 그리고 유리수와 무리수를 합쳐서 실수라고 불러.

피타고라스학파는 피타고라스의 명예를 지키기 위해 무리수의 발견을 비밀로 하기로 맹세했어. 그런데 피타고라스의 제자인 히파수스가 이 맹세를 어기고 다른 사람에게 이 비밀을 이야기한 거야. 피타고라스학파의 다른 동료들이 분노하여 그를 바다에 던져 버렸다고 해. 하지만 결국에는 피타고라스학파도 무리수의 존재를 인정할 수밖에 없었지.

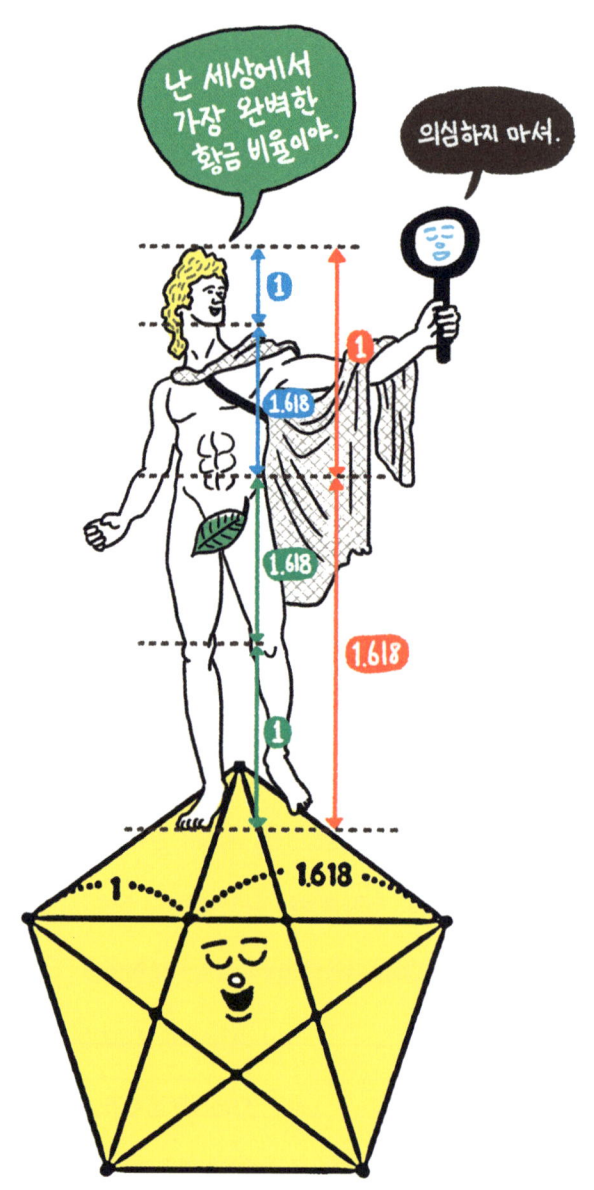

16 황금비
세상에서 가장 아름다운 비율을 발견하다

세상 모든 일을 수와 관련지으려 한 피타고라스는 세상에서 가장 아름다운 비율이 있다고 생각했어. 결국 정오각형 모양의 별에서 그 비율을 발견했지. 정오각형의 각 꼭짓점을 대각선으로 연결하면 내부에 별 모양이 생겨. 이때 정오각형 내부의 대각선들이 서로 교차하면서 대각선이 5 : 8의 비율로 나뉘지. 피타고라스는 이 비율을 세상에서 가장 아름다운 비율로 보았어. 정오각형 모양의 별을 피타고라스학파의 상징으로 삼았지.

피타고라스가 발견한 비율 5 : 8은 1 : 1.618로 바꿀 수 있어. 1.618의 비율이 바로 황금비야. 고대 그리스에서는 비례와 조화, 질서에서 아름다움을 찾았어. 이 황금비가 가장 안정감 있고 균형 있는 비율이라고 생각한 거야. 그래서 고대 그리스에서는 조각상이나 공예품, 건축물 중에 황금비를 이용한 것이 많아. 벨베데레의 아폴론상을 보면, 배꼽을 기준으로 상체와 하체의 비율이 황금비를 이루고, 상반신은 어깨를 기준으로 위아래, 하반신은 무릎을 기준으로 위아래의 길이가 황금비를 이루지. 고대 그리스의 대표적인 건축물인 파르테논 신전도 세로와 가로의 비율이 황금비를 이뤄. 황금비는 지금도 우리 생활에 영향을 주고 있어. 액자나 책, 그리고 신용 카드나 주민 등록증, 명함 등을 황금비로 만드는 경우가 많거든.

17 유클리드의 《기하학 원론》

고대 그리스의 기하학을 체계적으로 정리한 유클리드

탈레스와 피타고라스 이후 고대 그리스 수학은 크게 발전했어. 특히 기하학이 눈부시게 발전했지. 기원전 387년경, 플라톤은 아테네에 '아카데미아'라는 학교를 세우고 철학과 과학, 수학을 연구했는데, 학교 입구에 '기하학을 모르는 자는 들어오지 마라!'라고 적어 놓을 정도였어.

고대 그리스 수학은 유클리드에 의해 황금기를 맞이하게 돼. 유클리드는 기원전 300년경, 알렉산드리아에서 활동했던 수학자였지. 그는 기하학에 관한 이전의 모든 지식을 체계적으로 정리해서 쓴 《기하학 원론》을 남겼어. 이 책은 지금까지 최고의 기하학 교과서로 평가받고 있지. 초등학교와 중학교에서 배우는 기하학이 모두 이 책의 내용을 바탕으로 하고 있거든.

《기하학 원론》에는 '점은 부분을 가지지 않는다', '선은 폭이 없는 길이다'와 같이 점, 선, 면 등 기하학의 대상에 대한 약속을 미리 정해 놓았고, 23가지 정의가 수록되어 있어. 이 정의가 있어야만 기하학 대상에 대해 사람들이 각기 다르게 해석하는 것을 막을 수 있지. 또 의심의 여지가 없어 증명 없이 인정하는 공리 5개와 공준(기하학의 공리를 공준이라 부름) 5개를 수록했어.

유클리드는 이 정의와 공리, 공준에서 출발하여 논리적인 추리를 통해 명제를 얻었는데, 《기하학 원론》에는 465개의 명제를 담고 있지. 이와 같은 논리적인 구성은 수학 발전에 크게 기여했어.

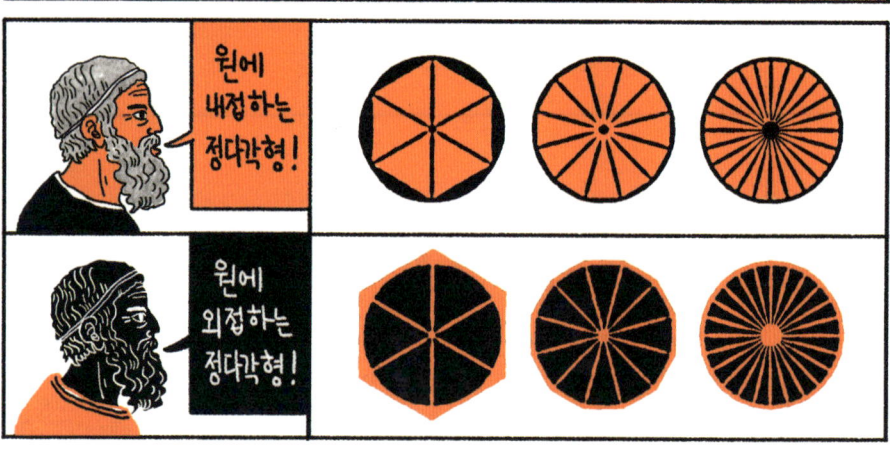

18 아르키메데스의 원주율 계산

처음으로 수학적인 계산을 통해 원주율 값을 구하다

고대 이집트 사람들은 원의 둘레와 지름 사이에 일정한 비율이 있음을 알아내고, 정확한 값을 모른 채 원의 넓이를 구하는 방법을 나름대로 찾아냈다고 했지? 그러면 처음으로 수학적인 계산을 통해 원주율 값을 구한 사람은 누굴까? 그는 기원전 3세기경, 그리스 수학자 아르키메데스야.

==아르키메데스는 원의 안쪽과 바깥쪽에 접하는 정다각형의 둘레를 이용하여 원주율 값을 계산했어.== 우선 원둘레 위에 일정한 간격으로 여섯 개의 점을 찍어 정육각형을 그렸어. 이 정육각형은 원의 내부에 있으므로 내접 정육각형이라고 해. 이번에는 원둘레와 접하면서 원보다 큰 정육각형을 그렸어. 이 정육각형은 원의 외부에 있으므로 외접 정육각형이라고 하지. 원둘레는 내접 정육각형의 둘레보다는 크고 외접 정육각형 둘레보다는 작아. 같은 방법으로 원둘레와 접하는 정12각형, 정24각형, 정48각형, 정96각형을 그릴 수 있어. 이렇게 다각형의 숫자가 올라가면 내접 정다각형 둘레와 외접 정다각형 둘레의 길이 차이는 점점 좁혀지고, 원의 둘레에 가까워지지.

==그 결과 아르키메데스는 원주율 값이 3.1408과 3.1429 사이에 있음을 알아냈어.== 결국엔 원주율 값이 거의 3.1418과 가깝다는 것을 알게 돼. 이것은 현재 원주율 값인 3.14159……와 약 0.0002의 차이밖에 안 날 정도로 매우 정확한 값이야.

19 아르키메데스의 업적

원기둥과 구의
부피 값을 구하다

아르키메데스는 유클리드 이후 고대 그리스 수학에 가장 크게 기여한 사람이야. 그는 기원전 287년경에 태어났어. 고대 그리스 학문의 중심지인 알렉산드리아에서 공부한 그는 고향 시라쿠사로 돌아와 수학에서 많은 업적을 쌓았지. 그는 원주율의 값을 알아냈을 뿐만 아니라 직선이 아닌 곡선으로 이루어진 도형의 넓이를 구하는 방법도 발견했어. 곡선으로 이루어진 도형을 같은 두께의 막대 조각들로 나누어 각 조각의 넓이를 더해 전체 넓이를 구하는 방법이야. 정확한 넓이는 아니지만, 도형을 나눈 막대 조각이 얇을수록 도형의 실제 넓이에 가까운 값을 알아낼 수 있지. 그는 공 모양 도형, 즉 구의 부피를 구하는 방법도 알아냈어. 그가 알아낸 구의 부피는 $\frac{4}{3}$ × 원주율 × 반지름 × 반지름 × 반지름이지. 그는 원기둥 안에 꽉 끼도록 구를 넣는 실험을 통해, 구의 부피는 원기둥 부피의 $\frac{2}{3}$라는 것도 알아냈어. 그리고 구의 겉넓이는 그 구를 절반으로 나누는 원 넓이의 4배임을 알아냈지. 구의 겉넓이는 4 × 원주율 × 반지름 × 반지름이라는 거야.

아르키메데스는 시라쿠사가 로마군의 침략을 받아 함락될 때 목숨을 잃었어. 그는 마당의 모래 위에 도형을 그리며 기하학 연구를 하고 있었어. 로마 병사들이 다가오자 그는 자기 도형이 망가진다며 물러서라고 소리쳤고 로마 병사는 그를 죽였다고 해.

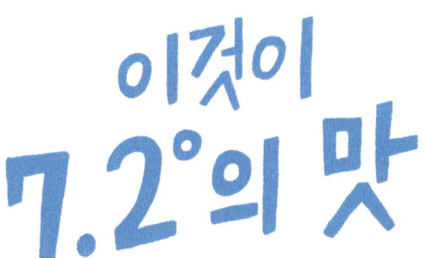

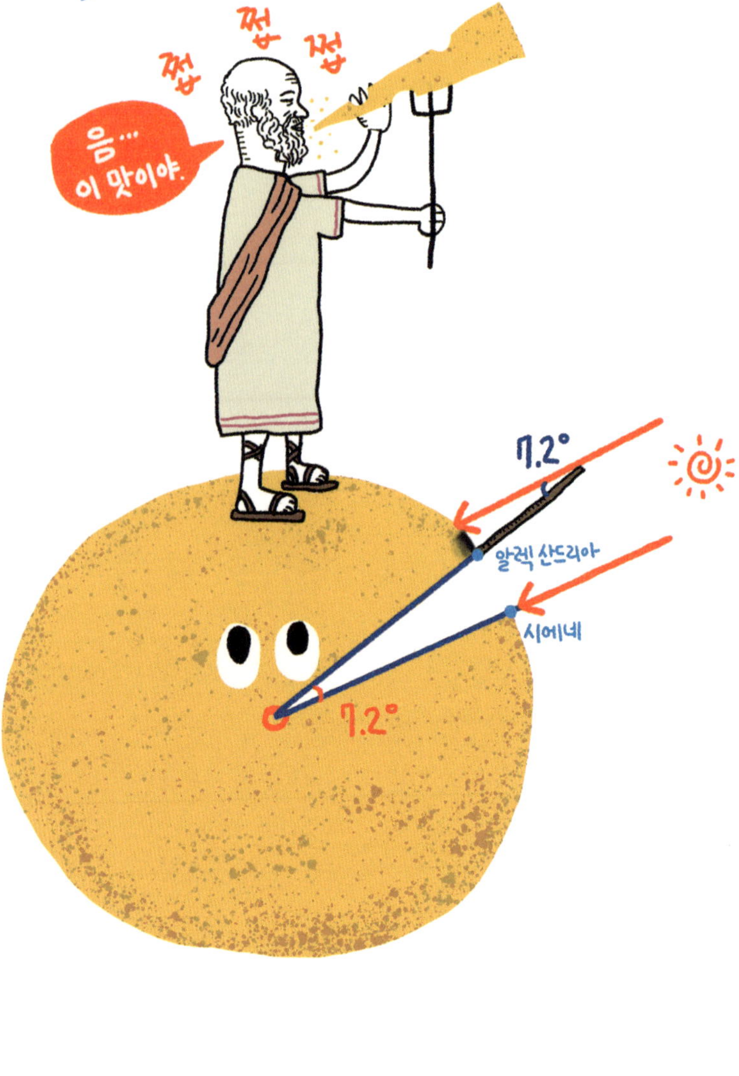

20. 에라토스테네스의 지구 둘레 계산

그림자로 지구 둘레를 계산하다

기원전 200년경, 그리스에는 수학을 이용하여 지구 둘레를 계산한 수학자가 있었어. 바로 에라토스테네스야. 그는 당시 학문의 중심지인 알렉산드리아에서 활동했어. 기원전 235년경에는 알렉산드리아 대학의 도서관장을 맡기도 했지.

에라토스테네스는 하짓날 정오에 태양이 이집트 시에네(지금의 아스완)에 있는 우물 바로 위에 와서 그림자가 생기지 않지만, 같은 시각에 그곳으로부터 925km 떨어진 알렉산드리아에서 수직으로 똑바로 세운 막대기에 그림자가 생긴다는 사실을 알아냈어. 막대기가 태양 빛에 약 7.2도 기울어져 그림자가 생긴 거야. 그는 이미 지구가 둥글고 태양 광선이 두 지점에 평행하게 도달한다는 사실을 알고 있었어. 그림자의 각도는 지구 위도에 따라 달라진다고 생각한 그는 지구 중심에서 보았을 때 알렉산드리아와 시에네 우물의 각도가 7.2도 벌어져 있다고 판단했어. 그리고 원둘레에 대한 부채꼴의 호 길이는 호의 중심각 크기에 비례한다는 사실을 이용해서 지구의 둘레를 계산했어. 7.2도 벌어졌을 때 925km이므로, 지구의 전체 둘레인 360도일 때는 46,250km라는 값을 얻었지. 놀랍게도 에라토스테네스가 계산한 지구 둘레는 오늘날 첨단 기술로 측정한 지구의 둘레 40,120km와 큰 차이를 보이지 않아.

`21` 에라토스테네스의 체

소수 찾는 방법을 알아내다

　에라토스테네스는 소수를 찾는 방법도 알아냈어. 여기서 말하는 소수는 2, 3, 5, 7처럼 1과 자기 자신만을 약수로 갖는 수야. 자연수 중에서 소수가 아닌 수는 합성수라고 해. 다른 수로 나누어떨어지면 합성수이고, 나누어떨어지지 않으면 소수이지. 예를 들어 8은 2와 4로 나누어떨어지므로 합성수이고, 11은 다른 수로 나누어떨어지지 않으므로 소수야. 소수는 더 이상 나누어지지 않는 수이므로 고대 수학자들은 소수를 수의 기본이라고 생각하고 효과적으로 소수 찾는 방법을 알아내려 노력했어.

　에라토스테네스는 그 방법을 알아낸 거야. 그는 가장 작은 소수인 2부터 시작해서 자연수를 순서대로 적은 다음, 2를 제외한 2의 배수를 지워 나갔어. 남은 수 중 가장 작은 수인 3은 소수이지. 그다음, 소수 3의 배수를 지워 나갔어. 이때 남은 수 중 가장 작은 수인 5가 소수이지. 이번에는 소수 5의 배수를 지워 나갔고 남은 수 중 가장 작은 수인 7이 소수야. 이러한 방법으로 계속하여 소수를 찾아냈어. 이것을 '에라토스테네스의 체'라고 불러. 아직도 이 방법보다 더 좋은 방법은 찾아내지 못했다고 해. 참고로 1에서 100까지 수 중 소수는 모두 25개이고, 자연수는 무한히 많으므로 소수의 개수도 무한할 뿐만 아니라, 특정한 공식이나 규칙성이 없다고 알려져 있지.

22 동양 수학의 기본이 된 《구장산술》

동양 수학에 큰 영향을 미친 중국 고대 수학

중국에서 동양 수학의 기본이 되는 수학책 《구장산술》이 탄생했어. 이 책을 쓴 사람과 쓴 시기가 잘 알려지지 않았지만, 기원전 2세기에서 서기 1세기 사이에 쓰였다고 추측하고 있어.

이 책은 문제가 먼저 나오고, 답과 풀이 방법이 있는 구조인데, 9개의 장에 모두 246개의 문제가 나와. 1, 2, 3장에서는 다양한 형태의 평면 기하 문제와 기초적인 분수 계산법, 농산물 간의 교환 비율을 이용한 계산 문제, 비율에 따라 할당량을 구하는 문제 등이 나오지. 4, 5, 6장에서는 제곱근, 세제곱근을 구하는 문제, 토목 공사 관련 문제와 입체 도형에 관한 문제, 공평하게 세금을 매기는 방법에 관한 문제 등이 나와. 7, 8, 9장에서는 연립방정식 문제와 피타고라스 정리를 활용한 문제 등이 나오지.

《구장산술》은 고대 중국의 세금, 곡물 교환, 토지 측량과 토목 공사, 분배, 물가, 이자 등 여러 분야에서 필요한 수학을 정리했어. 우리나라와 일본, 베트남을 비롯해 인도의 수학에도 큰 영향을 미쳤지. 우리나라의 《삼국사기》에는 7, 8세기경 신라의 국립 대학인 국학에서 《구장산술》을 가르쳤다는 기록이 있고, 《고려사》에는 당시 경제 관료인 산사를 선발하는 시험에서 이 책의 내용 일부를 외우고 문제를 풀었다는 기록이 있어.

23 헤론의 공식

삼각형 세 변의 길이로 넓이를 알아내다

1세기 무렵, 알렉산드리아에는 과학자이자 수학자인 헤론이 있었어. 그는 특히 실생활 속의 과학과 수학에 관심이 많았어. 자동으로 열리는 문, 동전을 던져 넣으면 자동으로 성수가 흘러나오는 장치, 최초의 증기 기관이라고 할 수 있는 장치 등 다양한 발명품을 만들기도 했지. 수학에서도 많은 업적을 쌓았는데, 대표적인 것이 바로 헤론의 공식이야.

직각삼각형은 밑변과 높이만 알면 그 넓이를 구할 수 있어. $\frac{(밑변 \times 높이)}{2}$야. 그러면 일반 삼각형의 넓이는 어떻게 구할까? 이때 헤론의 공식을 이용하는 거야. 헤론의 공식은 삼각형의 세 변의 길이를 알 때 그 넓이를 구하는 공식이거든. 삼각형 각 변을 a, b, c라고 하고, $a+b+c$를 2로 나눈 값을 s라고 할 때, 넓이는 $\sqrt{s \times (s-a) \times (s-b) \times (s-c)}$이지. 물론 당시에는 아직 +, ×, -, $\sqrt{}$ 와 같은 기호가 없을 때라서 글로 풀어서 썼지. 참고로 $\sqrt{a}$는 어떤 수 x를 두 번 곱하면 a가 나올 때 사용하는 기호야. x를 $\sqrt{a}$로 표현하고 a의 제곱근이라고 불러. 예를 들어 어떤 수를 두 번 곱해야 2가 될까? 이 문제의 답은 1.414213562······로 그 값이 소수점 아래로 무한히 계속되어 무리수야. 그래서 $\sqrt{2}$로 표현하지. 마찬가지로 어떤 수를 두 번 곱해야 4가 될까? 그 답은 2이고, 2는 $\sqrt{4}$와 같지. 2는 무리수가 아니므로 굳이 $\sqrt{4}$로 표현할 필요는 없어.

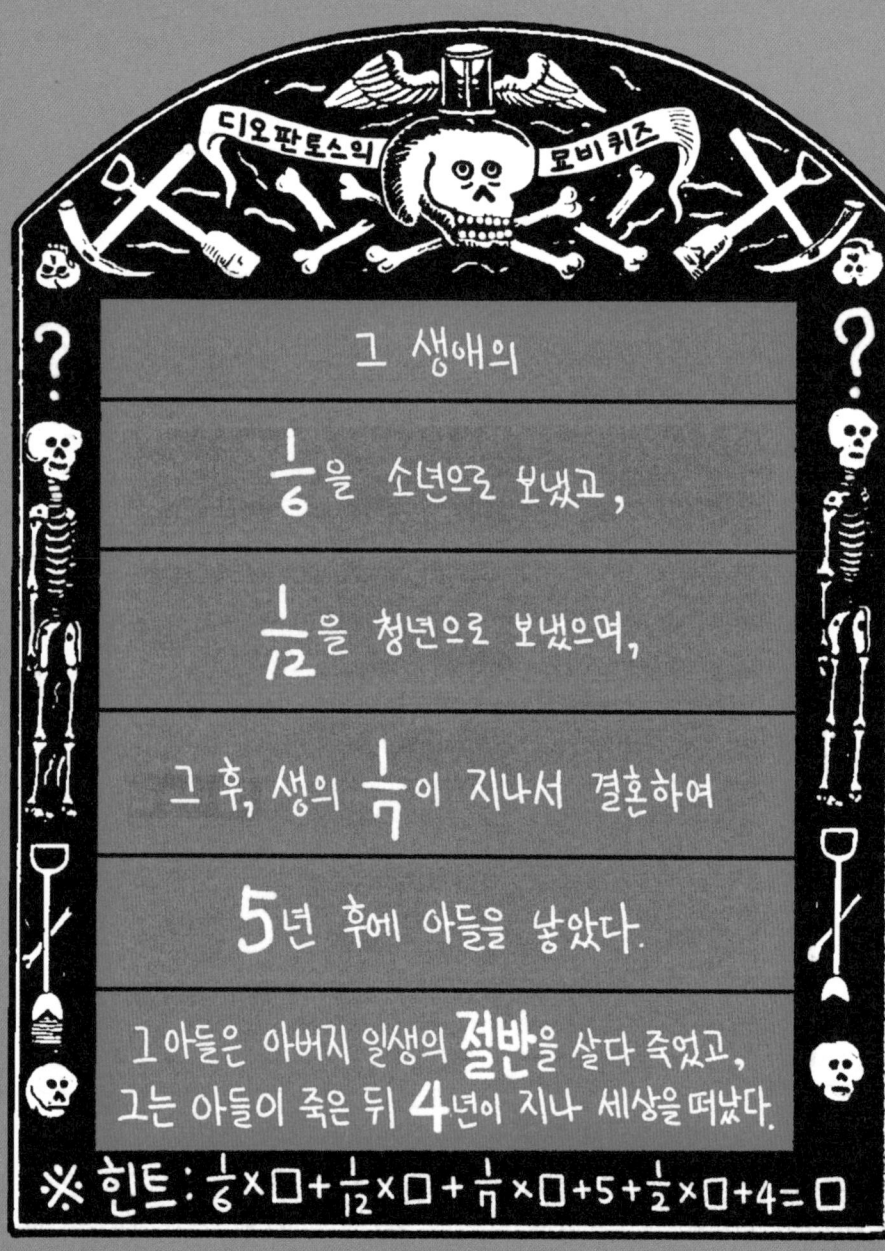

24 수학 기호를 만든 디오판토스

방정식에 수학 기호를 사용하다

'4 + □ = 7'과 같이 □ 안에 어떤 수를 넣으면 '='의 양쪽 값이 같아지지만 다른 수를 넣으면 같아지지 않는 식을 방정식이라고 하고, □ 안에 들어가는 어떤 수를 미지수라고 해. 방정식은 오래전부터 있었지만 글로 풀어 썼지. 방정식이 복잡해지면 문장으로 표현하기가 어려웠고, 매번 미지수를 어떤 수라고 말하면서 더 복잡해졌어.

3세기 후반, 어떤 수 대신 간단한 문자를 사용한 사람이 나타났어. 그리스의 수학자 디오판토스였지. 그는 《산학》이란 책을 남겼는데, 이 책에는 미지수, 상등, 거듭제곱 등을 기호로 나타냈어.

디오판토스의 묘비에 있는 문구를 통해 그가 몇 살까지 살았는지는 알 수 있지. 그의 묘비에는 "보라, 디오판토스는 그 생애의 $\frac{1}{6}$을 소년으로 보냈고, $\frac{1}{12}$을 청년으로 보냈으며, 그 후 생의 $\frac{1}{7}$이 지나서 결혼하여 5년 후에 아들을 낳았다. 그 아들은 아버지 일생의 절반을 살다 죽었고, 디오판토스는 아들이 죽은 뒤 4년이 지나 세상을 떠났다."고 적혀 있어. 이 문구를 토대로 다음과 같은 방정식을 만들 수 있지.

$$\frac{1}{6} \times □ + \frac{1}{12} \times □ + \frac{1}{7} \times □ + 5 + \frac{1}{2} \times □ + 4 = □$$

이 방정식을 계산해 보면 디오판토스가 84세까지 살았음을 알 수 있어.

25 로마의 수학

실용적인 수학에만 치중했던 로마의 수학

고대 그리스 수학은 로마 제국의 지배를 받으면서 더 이상 발전하지 못했어. 로마는 측량이나 작도, 건축물 설계, 달력 등의 실용적인 수학에만 치중했기 때문에 고대 그리스의 논리적인 추리에 의한 수학은 침체했지. 하지만 성과도 있었어. 1년을 총 365일로 정해 사용하는 현재 달력의 기초가 되는 달력이 만들어졌거든. 카이사르의 지시로 만들어져서 그의 이름을 따 율리우스력이라고 불러.

로마 제국은 로마 문자를 이용하여 숫자를 기록했고, 5진법과 10진법을 함께 사용했어. 로마 숫자는 오른쪽에 붙여 쓰면 덧셈을 의미하고 왼쪽으로 붙이면 뺄셈을 의미해. 예를 들어 I가 1이고 V가 5인데, 4는 IV이고, 6은 VI야. 이렇게 로마 숫자는 자릿수마다 표기가 달라서 계산하기 무척 어려웠어. 간단한 덧셈과 뺄셈도 쉽지 않았고, 곱셈은 더욱 계산하기 힘들어서 곱셈 결과를 미리 적어 놓은 곱셈표를 사용했지.

그 후 로마 제국은 기독교를 받아들였고 모든 진리가 신에게 있다고 믿으면서 수학이 더욱 침체했어. 로마 멸망 후에도 이러한 분위기는 더욱 심해졌지. 4세기 말, 그리스 수학의 기록이 보관된 알렉산드리아 도서관이 기독교 광신도들에 의해 불탔고, 642년에는 아랍 사람들에게 점령당해 철저히 파괴되었어. 그러면서 사람들은 그리스 수학을 잊어 갔어.

| 26 | 중세 시대 초기의 유럽 수학

유럽이
그리스 수학을 잊다

로마 제국은 서로마와 동로마로 분열되고, 게르만족에 의해 서로마가 멸망하면서 유럽은 중세 시대가 되었어. 중세 시대 초기인 5세기 중엽부터 11세기까지는 경제와 문화, 학문이 쇠퇴하여 유럽의 암흑 시대라고 불러. 이 시기에는 대부분이 기독교를 열심히 믿었고, 기독교의 힘이 어느 때보다 막강했어. 그러면서 수학은 과학과 함께 더욱더 침체했지. ==당시 유럽 사람들은 자연 현상이 신의 뜻이라고 생각했고, 수학과 과학을 이용하려는 생각을 전혀 하지 않았거든.== 심지어는 기독교 정신을 위배했다는 죄를 뒤집어씌워 수학자와 과학자를 처벌하고, 고대 그리스의 책들을 훼손했어. 이렇게 고대 그리스의 수학이 서서히 자취를 감췄지.

==다만 기독교의 수도사나 성직자들은 교회 재정의 관리나 날짜 계산 등의 이유로 수학을 연구했어.== 그들은 복잡한 로마 숫자와 함께 로마에서 사용했던 계산법을 주로 사용했어. 이 시기 대표적인 수학자로 10세기 후반 수도원에서 공부하던 제르베르 도리야크가 있어. 그는 수학, 천문학 등을 연구했는데, 특히 고대 그리스와 아라비아의 수학 서적들을 연구하고, 유클리드의 대표 저서인 《기하학 원론》을 라틴어로 번역하기도 했지. 놀랍게도 제르베르는 교황의 자리에까지 올라 실베스테르 2세로 불렸지만, 그 뒤를 이은 교황들은 여전히 수학과 과학을 멀리했어.

27. 0을 처음 사용한 인도

0을 하나의 수로 받아들이다

0은 빈자리나 아무것도 없음을 나타내는 수야. 옛날 사람들은 0을 숫자로 받아들이지 못했어. 고대 바빌로니아의 점토판에 새겨진 쐐기 문자를 보면 0에 해당하는 기호를 찾을 수 있어. 이 기호는 비스듬한 모양의 쐐기 문자로 수를 표기할 때 빈 자리를 채우는 역할을 했지. 당시 사람들은 이 기호를 수로 생각하지 않고 계산의 결과로 0이 나오면 빈자리나 아무것도 없음의 의미로 사용했어. 고대 그리스 사람들도 0을 받아들이지 않았어. 그들은 없는 것을 나타낼 수 없다고 생각한 거야.

우리가 현재 쓰는 인도-아라비아 숫자를 만든 인도에서도 처음에는 0에 대한 숫자가 없었어. 인도에서는 9개의 숫자를 이용해 수를 표시했는데, 숫자의 위치에 따라 그 값이 달랐어. 숫자의 위치를 '자리'라고 하는데 일의 자리, 십의 자리, 백의 자리 등과 같이 숫자의 위치에 따라 그 값이 달랐지. 그런데 자릿수에 숫자가 없으면 그 칸을 비워 놓았어. 예를 들어 4와 4 사이에 빈 칸을 넣은 4 4는 지금의 404를 의미했어. 빈칸에 점을 찍어 사용하기도 했어. 2020을 2·2·으로 표시했던 거야. 6세기 초부터는 인도인이 사용하는 산스크리트어 중 '없음', '부재'를 의미하는 '슈냐'라는 말을 사용했고, 이를 표현하기 위해서 작은 동그라미나 점을 사용했어. ==여기에서 시작하여 0을 '아무것도 없음'을 나타내는 하나의 수로 받아들이게 된 거야.==

28 이슬람 제국의 수학

그리스 수학을 부활시킨 이슬람 제국

7세기 초, 서아시아 아라비아반도에는 이슬람 제국이 건설되었어. 아라비아반도 일대를 일반적으로 아라비아라고 하는데, 줄여서 아랍이라고 부르지. 이슬람 제국의 두 번째 왕조인 아바스 왕조는 다른 문명의 지식을 흡수하여 학문을 크게 발전시키려 했어. 특히 중국에서 종이 만드는 기술이 수입되면서, 다른 문명의 책을 번역하여 자기들 언어의 책으로 만드는 작업을 많이 했지. 처음에는 인도와 페르시아의 학문을 주로 수입하다가 점차 고대 그리스의 과학책들을 번역하기 시작했어.

서기 832년에는 이슬람 제국의 최고 지도자 칼리프 알 마문이 바그다드에 고등 학문기관인 '지혜의 집'을 세웠어. 이곳에서 수많은 학자와 전문가들이 모여 고대 그리스 서적을 번역하고 연구했어.

그 결과 그동안 어둠 속에 묻혀 있던 그리스의 수학과 과학책들이 아랍어로 번역되어 세상에 빛을 보게 돼. 이때 유클리드의 《기하학 원론》 같은 책들이 번역되어 후세에 전해질 수 있었어. 약 150년에 걸친 번역 사업을 통해 아라비아 사람들은 인도와 그리스의 수학을 받아들일 수 있었어. 이를 바탕으로 수학을 크게 발전시켰지.

아~라비아 버스 출발!

29 　인도-아라비아 숫자

아라비아, 인도 숫자를 받아들이다

아라비아는 원래 숫자를 세는 말은 있어도 숫자를 표현하는 글자가 없었어. 그래서 그리스 숫자를 받아들여 숫자를 표시했어. 그런데 8세기 중반, 인도 사절단이 아라비아 바그다드에 있는 이슬람 제국 칼리프의 궁전을 방문했을 때였어. 인도 사절단은 아라비아 사람들에게 자기네 책들을 선물로 주었지. 이 책에는 인도의 숫자가 소개되어 있었어.

인도의 숫자는 0과 1에서 9까지 10개만이 있는데, 이 10개의 숫자가 위치에 따라 그 값이 달랐어. 일의 자리, 십의 자리라고 말하는 자릿값을 나타낼 수 있었던 거야. 즉 같은 2라도, 일의 자리에선 2가 되지만 십의 자리에선 20이 되고, 백의 자리에선 200이 돼. 따라서 0과, 1부터 9까지 숫자만 있으면 모든 수를 표현할 수 있지.

아라비아 사람들은 인도 숫자가 그리스 숫자보다 훨씬 편리하다는 것을 알게 되었어. 그 후로 숫자를 표시할 때 그리스 숫자 대신 인도 숫자를 쓰기 시작했고, 결국 인도 숫자는 아라비아의 숫자가 되었지. 이 숫자가 오늘날 우리가 사용하고 있는 인도-아라비아 숫자야. 이 숫자 덕분에 우리는 간단하게 수를 표시할 수 있고 복잡한 계산도 쉽게 할 수 있는 거야.

30 알 콰리즈미의 대수학

이항법을 이용한 방정식 풀이 방법이 탄생하다

아라비아는 인도에서 대수학도 받아들였어. 대수학은 '대수'란 말 그대로 수 대신 문자를 이용해 수학 문제를 푸는 방법인데, 방정식을 푸는 데서 시작되었어. 당시에 방정식을 풀기 위해서는 정확한 답이 나올 때까지 기호나 문장에 예상되는 숫자를 대입했어. 여간 복잡하고 힘든 일이 아니었지.

지혜의 집을 대표하는 학자였던 알 콰리즈미는 《복원과 상쇄의 서》를 통해 양팔 저울 원리를 이용한 새로운 방정식 풀이 방법을 제시했어. ==수평을 이룬 양팔 저울 양쪽에 똑같은 수를 더하거나 빼도, 곱하거나 나누어도 양쪽은 늘 수평을 유지한다는 원리를 이용한 거야.== 예를 들면 (2 × □) + 10 = 24라는 등식이 있다고 해. 이 식의 좌변과 우변에 똑같이 10을 빼면 어떻게 될까? (2 × □) + 10 - 10 = 24 - 10, 즉 2 × □ = 14가 돼. 이번에는 좌변과 우변을 똑같이 2로 나누어 보자. 그러면 2 × □ = 14는 $\frac{(2 \times □)}{2} = \frac{14}{2}$, □ = 7이 되어 □ 값을 구할 수 있어. 이 풀이 방법을 이항법이라고 해.

《복원과 상쇄의 서》에는 이 방법을 이용한 일차방정식과 이차방정식의 풀이법이 소개되었어. 이와 같은 업적 때문에 알 콰리즈미는 오늘날 대수학의 아버지라고 불리지. 그는 방정식을 구할 때 미지의 값을 동전, 물건, 식물의 뿌리라고 불렀는데, 이 식물의 뿌리에서 유래하여 오늘날 방정식을 풀어 미지수를 구할 때 근을 구한다고 말하고 있어.

31 인도-아라비아 숫자의 유럽 전파

중세 유럽이 인도-아라비아 숫자를 만나다

아라비아가 편리한 인도 숫자와 뛰어난 수학 계산법을 쓰고 있을 때, 오랫동안 수학이 침체해 있던 유럽은 사용하기 불편한 로마 숫자를 사용하고 있었어. 12세기 이탈리아 상인들은 이집트와 시리아 상인들과 향신료 무역을 하면서 아라비아 문명을 접할 수 있었어. 또 십자군 전쟁이 일어나면서 많은 유럽 사람이 아라비아 문명을 만나게 돼. 유럽 사람들은 점차 아라비아 수학의 우수성과 그들이 쓰는 숫자의 편리함을 알게 되었지. 특히 이탈리아의 상업 중심지인 베네치아, 제네바, 밀라노에서는 더욱 그랬어.

==수학자 레오나르도 피보나치는 아라비아 숫자를 유럽에 소개하는 데 큰 역할을 했어.== 그는 아랍인 선생 밑에서 아라비아 수학을 배우며 인도-아라비아 숫자의 편리함을 알게 되었어. 또 시리아, 이집트, 그리스 등을 여행하면서 아라비아 수학에 대해 많은 것을 습득했지. 고향으로 돌아온 그는 1202년, 《산반서》라는 책을 펴냈어. 이 책에는 인도-아라비아 숫자를 읽고 쓰는 방법이 소개되어 있어. 이탈리아 상인들은 재빨리 이 새로운 숫자를 받아들였어. 기존의 로마 숫자로 계산하는 것보다 인도-아라비아 숫자로 계산하는 게 훨씬 빨랐기 때문이야. 그 후 수백 년 동안, 피보나치의 《산반서》는 중요한 수학 교재가 되었고, 유럽 사람들은 점차 로마 숫자를 버리고 인도-아라비아 숫자를 쓰게 되었어.

32 | 13세기 영국의 측정 단위 체계화

체계적인 측정 단위가 생기다

인류는 문명 사회를 만들면서 모두가 공통으로 사용하는 길이 단위가 필요했어. 처음에는 사람의 신체 부위를 이용해 단위를 만들었지. 기록으로 남은 인류 최초의 길이 단위는 기원전 2500년경, 수메르인이 사용한 풋(foot)이야. 풋은 성인 남자 발가락 끝에서 발꿈치까지 길이로 약 15cm였지. 수메르인은 팔꿈치를 뜻하는 큐빗이란 단위도 사용했어. 1큐빗은 팔꿈치에서 가운뎃손가락 끝까지 길이로 51.72cm야. 풋과 큐빗은 고대 이집트에서도 널리 사용되었어. 고대 그리스와 로마에서도 신체를 이용하여 길이를 측정했어. 성인 남자가 걸을 때 왼발과 오른발 사이의 거리를 1페이스라고 하고, 1페이스의 1,000배를 1마일이라고 했지.

측정 방법은 14세기 영국 왕 에드워드 2세에 의해 근대적인 방법으로 체계화되었어. 당시 영국은 지역마다 측정 단위가 달라서 체계적인 법을 정하는 데 어려움이 있었지. 에드워드 2세는 보리 이삭 세 개를 합한 길이를 1인치(inch)로 정하는 법을 만들었어. 그전에는 엄지손가락 손톱의 뿌리 부분의 폭을 1인치라고 했거든. 또 12인치는 1피트, 3피트는 1야드(yard)가 되었어. 야드는 팔을 옆으로 쭉 폈을 때 코에서 가운뎃손가락 끝까지 길이를 뜻하는 단위로 약 91cm야. 이 단위들은 몇 번의 수정을 걸쳐 야드법이라는 단위 체계로 발전했고 지금도 미국과 영국 실생활에서 사용하고 있지.

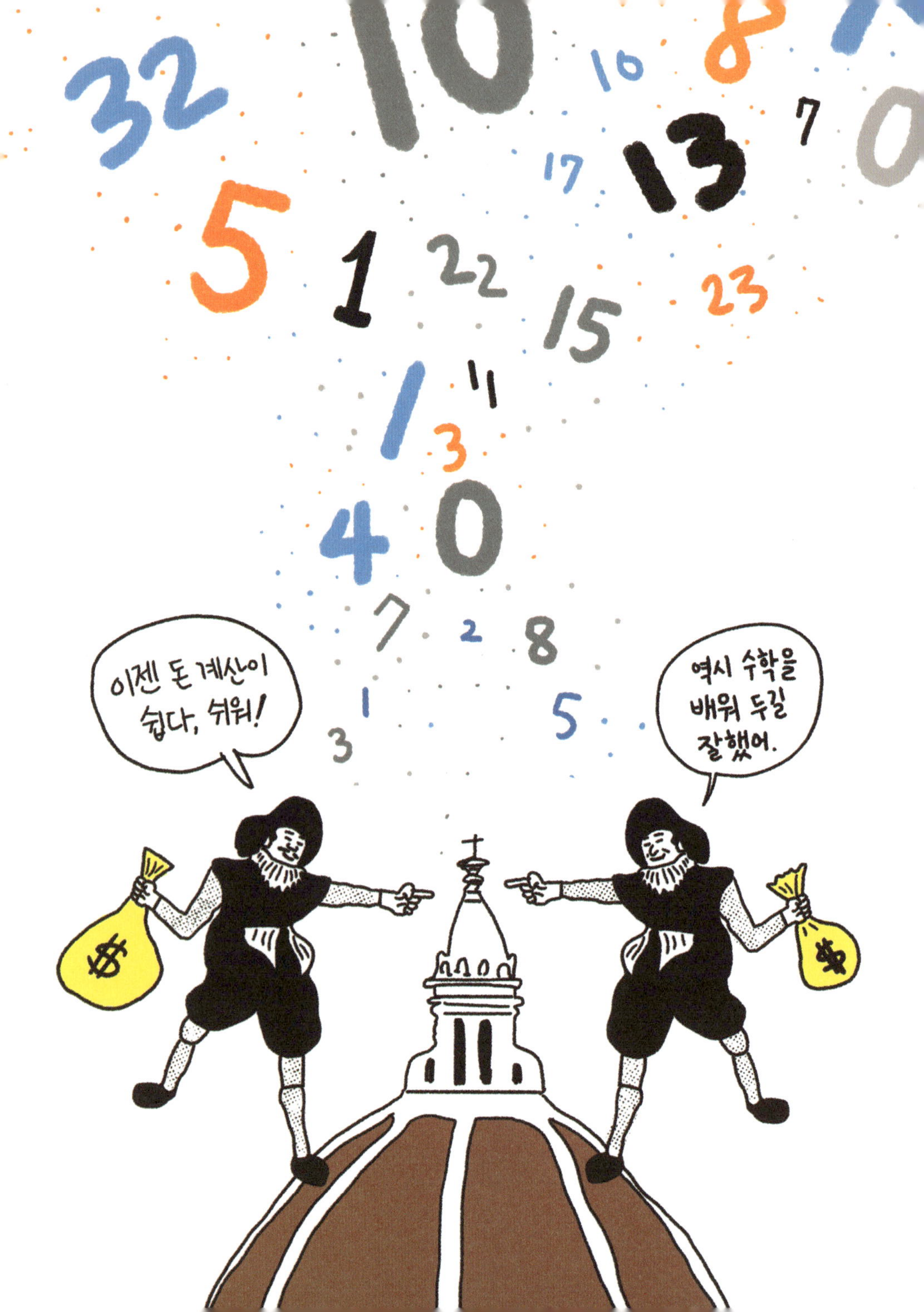
이젠 돈 계산이 쉽다, 쉬워!
역시 수학을 배워 두길 잘했어.

33. 르네상스 시대의 수학의 발전

상업의 발달이 수학을 발전시키다

14세 후반, 유럽은 르네상스 시대에 들어섰어. 르네상스는 1000여 년 동안 계속된 중세 암흑기에서 벗어나 고대의 학문과 문화를 부흥시키려는 문화 운동을 뜻해. 이 운동은 이탈리아 중부 피렌체에서 시작되어 유럽의 다른 나라로 퍼져 나갔어. 르네상스 시대에는 그동안 금지되었던 수학과 과학에 대한 교육 및 연구가 활발했어. 특히 인도와 아라비아의 발전한 수학을 받아들이고 그리스 시대의 수학책들을 다시 연구하면서 수학이 크게 발전했어. 또 쉽고 빠른 수학 계산에 적합한 인도-아라비아 숫자가 널리 전파되었지. 여기에 더해 금속 활자 발명과 인쇄술의 발달로 수학책이 대량으로 인쇄되어 보급되면서 수학은 더욱 발전했어.

당시 유럽의 수학 발전에는 상업 발달로 인한 금융업의 성장도 한몫했어. ==금전 거래가 활발해지면서 돈을 빌려주고 받는 이자의 정확한 계산을 위해 수학이 필요했거든.== 그래서 상인들은 유명한 수학자들에게 지원을 아끼지 않았어. 수학자들도 경쟁 심리가 생겨 더 어려운 수학 문제를 풀기 위해 노력했지. 당시에는 더하기, 빼기 등과 같은 기초적인 수학 기호조차 없어서 수학 문제 풀이 과정을 글로 써야 했으므로, 이자 계산이 여간 복잡하고 어려운 일이 아니었어. 그래서 르네상스 시대 수학자들은 수학 문제를 빠르고 쉽게 풀기 위한 편리한 수학 기호를 발명하기 위해 노력했지.

34 덧셈, 뺄셈, 등호 기호의 탄생

문자를 빠르게 쓰다가 탄생한 수학 기호

　르네상스 시대 수학자들은 수학 기호를 하나둘 만들어 나갔어. 처음에는 수학에서 자주 사용하는 단어에서 따온 문자를 수학 기호로 사용했지. 예를 들어 15세기 이탈리아의 수학자 파치올리는 덧셈 기호로 더하기를 뜻하는 플러스(plus)의 첫 글자인 p를 썼고, 뺄셈 기호로 빼기를 뜻하는 마이너스(minus)의 첫 글자 m을 사용했어.

　그러다 우리에게 너무나 친숙한 수학 기호인 덧셈 기호 +와 뺄셈 기호 -가 탄생했어. 1489년, +와 - 기호가 독일의 수학자 요하네스 비드만이 쓴 산술책 《모든 거래의 현명하고 깔끔한 계산》에 처음으로 등장했거든. ==덧셈 기호 +는 더한다는 뜻의 라틴어 et를 필기체로 빠르게 쓰다가 만들어졌고, 뺄셈 기호 -는 뺀다는 뜻의 minus를 간단히 쓴 m을 빠르게 쓰다가 만들어졌어.== 그런데 이 책에 쓰였던 기호들은 더하고 빼는 기호로 사용된 것이 아니라 단순히 과잉과 부족을 뜻했어. 그러다가 1514년, 네덜란드의 수학자 호이케에 의해서 덧셈과 뺄셈 기호로 쓰게 되었지.

　등호(=)는 16세기 영국의 수학자 로버트 레코드의 책 《지혜의 숫돌》에서 처음 등장했어. 길이가 같은 두 평행한 선분이 같다는 기호로 쓰인 거야. 어떠한 두 개도 두 평행선(=)만큼 같을 수 없다는 거지. +, -, =와 같은 기호들은 그 의미도 쉽게 이해되고 쓰기도 편리해서 금방 널리 퍼졌어.

35 방정식 기호의 발전

인쇄소에서 탄생한 방정식 기호 x, y, z

르네상스 시대에 상업이 발달하면서 돈을 빌려주고 받는 이자 계산도 복잡해졌어. 빌려주는 돈의 액수가 커지고 이자율과 상환 기간이 다양해졌기 때문이야. 그러면서 이를 계산하기 위한 방정식도 복잡해졌지. 그런데 복잡한 방정식에 별다른 기준 없이 문자를 사용하면 수학자마다 사용하는 문자가 달라서 계산식을 보고도 서로 무엇을 계산했는지 이해하기 어려웠어. 이때 방정식에 기호를 본격적으로 사용한 사람은 16세기 후반, 프랑스의 수학자 프랑수아 비에트야. 그는 모르는 숫자를 나타낼 때는 알파벳 모음을, 아는 숫자를 나타낼 때는 자음을 썼어.

그 후 이러한 표기는 프랑스의 철학자이자 수학자인 르네 데카르트에 의해서 더욱 편리하게 진화했어. 데카르트는 미지의 양을 표현할 때 알파벳 마지막 글자들인 x, y, z를 썼고, 이미 알고 있는 양을 표현할 때는 알파벳 처음 글자들인 a, b, c를 쓰는 전통을 세웠어. 데카르트가 미지의 양을 표현하는 글자로 x, y, z를 사용한 데는 전해 오는 일화가 있어. 데카르트는 방정식과 기하학 연구 결과를 모아 책으로 발간하려고 인쇄소를 방문했고 미지의 양을 표현하는 글자를 무엇으로 할 것인지 고민했지. 그러자 인쇄업자는 인쇄할 때 자주 쓰이지 않아 인쇄소에 많이 남아 있던 활자 x, y, z를 권했어. 이때부터 미지수를 x, y, z로 쓰기 시작한 거야.

36 삼차방정식의 해법 발견

약속을 어기고 발표된 삼차방정식 해법

방정식에서 미지수를 나타내는 문자가 가장 많이 곱해진 횟수를 차수라고 해. 따라서 x^2이 $x \times x$이므로, x^2이 나오는 방정식을 이차방정식이라 하고, x를 3번 곱한 x^3이 나오는 방정식을 삼차방정식이라고 하지. 그런데 르네상스 시대에는 삼차방정식에 대한 풀이법이 없었어. 복리 이자로 돈을 빌려주고 3년 후에 빌려준 돈과 이자를 합하면 얼마가 될지 계산하려면 매우 힘들었어. 계산이 삼차방정식이 되기 때문이야.

르네상스 시대 수학자들은 삼차방정식을 푸는 방법을 찾기 위해 노력했어. 그러다 1515년, 수학 교수였던 델 페로가 삼차방정식인 $x^3 + mx = n$의 풀이 방법을 알아냈지. 페로는 제자인 안토니오 피오르에게만 그 방법을 알려 주었어. 그 뒤 1535년, 니콜로 타르탈리아도 삼차방정식의 풀이법을 알아냈다고 주장했어. 피오르는 타르탈리아에게 삼차방정식을 푸는 공개 시합을 하자고 제안했지. 공개 시합의 결과는 타르탈리아의 압승이었어. 이 소식을 들은 지롤라모 카르다노라는 수학자는 타르탈리아를 찾아가 삼차방정식 해법을 가르쳐달라고 부탁했고, 타르탈리아는 비밀을 지키겠다는 약속을 받고 해법을 가르쳐 주었어. 그런데 1545년, 카르다노는 약속을 어기고, 자신만의 해설을 달아서 삼차방정식의 일반 해법을 발표한 거야. 그 후 카르다노의 제자인 페라리가 사차방정식의 해법까지 밝혀냈지.

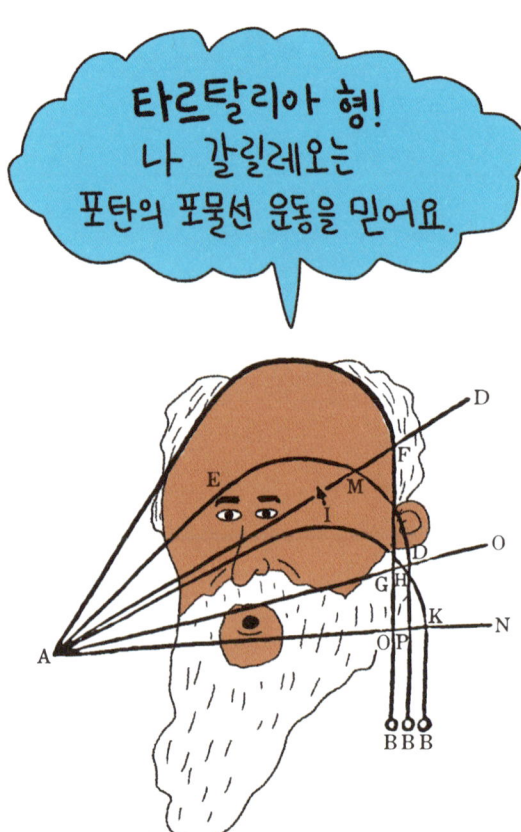

37 포물선 연구

포탄의 움직임에서 시작된 포물선 연구

중세를 지나 근대에 들어서면서 전쟁에서 대포가 많이 사용되었어. 대포는 전쟁의 승패를 좌우할 정도로 중요한 무기가 되었지. 수학자들은 포탄을 적에게 명중시키는 방법을 연구했어. 옛날 사람들은 포탄이 대포에서 발사될 때의 힘으로 날아가다가 그 힘이 모두 떨어지면 수직으로 낙하한다고 믿었어. 그런데 1537년, 이탈리아의 수학자 타르탈리아는 ==포탄이 포물선을 그리며 떨어진다고 주장했어.== 또 대포를 45도로 조준했을 때 가장 멀리 간다고도 했지. 하지만 포탄의 움직임을 수학적으로 증명한 건 아니었어.

16세기에서 17세기로 넘어갈 무렵, 이탈리아의 유명한 과학자이자 수학자인 갈릴레오 갈릴레이는 쇠 구슬을 기울어진 면을 따라 아래로 내려보내고 구간마다 속도를 측정하는 실험을 했어. ==그는 이 실험을 통해 포탄이 포물선을 그리며 움직인다는 것을 증명했어.== 하지만 여전히 포탄의 움직임을 수학적으로 밝혀낸 건 아니야. 당시 수학자들이 알고 있었던 유클리드 기하학으로는 포탄이 그리는 포물선을 연구하는 데 한계가 있었거든. 천문학에서도 마찬가지야. 이미 행성이 타원 궤도로 태양 주위를 돈다는 사실이 알려졌지만, 유클리드 기하학으로는 타원의 둘레와 넓이를 구할 수 없었어. 그래서 행성의 궤도의 길이와 크기를 수학적으로 분석할 수가 없었지.

도박은 확률이지!

지롤라모 카르다노

38 수학의 한 분야로 자리 잡은 확률

도박장에서 확률 연구가 시작되다

확률은 어떤 일이 일어날 가능성을 수로 나타내지. 일어날 수 있는 모든 경우의 수에 대하여 어떤 사건이 일어날 경우의 수를 비율로 나타낸 거야. 16세기 중엽, 이탈리아에서 확률이 수학의 한 분야로 자리 잡기 시작했어. 당시 이탈리아 항구 도시들은 상업의 중심지로 무역상이 몰려들었어. 날씨가 좋지 않아 배가 뜰 수 없었던 날에는 상인들이 무료함을 달래기 위해서 도박을 많이 했지. 그들이 도박에서 이길 방법을 찾는 과정에서 확률 이론이 탄생한 거야. 이때 중요한 역할을 한 사람은 타르탈리아와 약속을 어기고 삼차방정식 해법을 제멋대로 발표했던 수학자 지롤라모 카르다노였어.

도박을 즐겼던 지롤라모 카르다노는 도박장에 다니며 카드 게임이나 주사위 놀이 등을 했어. 그는 도박에서 이기기 위해 수많은 경우의 수를 따져서 확률을 연구하기 시작했지. 결국 그는 도박을 처음으로 수학의 시각으로 연구하여 확률에 대한 체계적인 계산을 소개한 논문 〈기회의 게임에 관하여〉를 발표했고, 주사위 두 개를 동시에 던져서 나온 수의 합은 7이 될 확률이 가장 높다고 주장했어.

그는 수학자이자 의사로도 알려졌고 점성술, 물리학, 철학 등 다양한 분야를 연구했던 괴짜였지. 그의 마지막도 특이했어. 그는 점괘로 자기가 죽는 날을 예언했는데, 그날이 되자 자기 예언을 맞추기 위해 자살을 했다고 해.

(39) 소수 기호의 탄생

전쟁 자금 계산 때문에 탄생한 소수점

인류는 아주 먼 옛날부터 분수를 사용했어. 하나를 3조각으로 나눌 때 $\frac{1}{3}$이라고 쓰는 게 편했거든. 그런데 르네상스 이후에 상업이 발달하여 계산해야 할 수들이 다양해지면서, 분수로 계산할 때 값을 구하기가 어려워졌지.

16세기 후반, 에스파냐의 식민지였던 네덜란드가 독립 전쟁에 필요한 돈을 조달하기 위해 빚을 냈는데, 경리 장교였던 시몬 스테빈은 그 빚의 이자를 계산해야만 했어. 당시에는 빚의 이자를 분수로 나타냈는데, 스테빈은 골머리를 앓았지. 그러던 중에 분모가 10, 100, 1,000과 같이 10의 배수일 때 분수의 계산이 훨씬 쉽다는 사실을 발견했어. 그래서 분모가 10의 배수가 아닌 분수도 10의 배수가 되는 근삿값으로 바꾸어 계산했어. 예를 들어 $\frac{1}{11}$이나 $\frac{1}{12}$을 그 근삿값으로 대신해서 $\frac{9}{100}$, $\frac{8}{100}$로 바꾸어 계산한 거야. 또 분모가 10의 배수가 되는 분수를 알아보기 쉽게 나타내는 방법을 생각해 냈어. $\frac{2436}{10,000}$을 2①4②3③6④로 나타냈어. 여기서 ①은 소수 첫째 자리, ②는 소수 둘째 자리, ③은 소수 셋째 자리, ④는 소수 넷째 자리를 나타내는 기호였지. 지금의 소수 표기와 다르지만, 소수 표기의 토대를 마련한 거야.

17세기 들어서 영국의 수학자 존 네이피어가 지금과 같이 일의 자리 다음에 소수점을 찍는 표기를 처음으로 사용했어. 그 후 200여 년이 지나서야 소수점이 널리 쓰였어.

40 루트의 발명
r을 변형하여 루트 기호($\sqrt{}$)를 만들다

$1 \times 1 = 1^2 = 1$, $2 \times 2 = 2^2 = 4$, $3 \times 3 = 3^2 = 9$, $4 \times 4 = 4^2 = 16$. 자연수 1, 2, 3, 4를 두 번 곱하면 1, 4, 9, 16의 값이 나와. 여기서 같은 수를 두 번 제곱한 것을 거듭제곱이라고 하고, 제곱했던 수를 제곱근이라고 부르지. 자연수를 제곱하면 자연수가 계속 나오게 돼. 그럼 거꾸로 어떤 수의 제곱근을 구하는 방법은 어떻게 될까? 예를 들어 어떤 수를 제곱해야 3이 나오는지 구해 보자. 그러면 1.732050…… 정확하게 딱 떨어지지 않는 수인 무리수가 나와. $(1.732050……)^2 = 3$이 되는 거야. 무리수가 나오면 복잡해지니까 이것을 간편하게 표현하는 방법이 필요하겠지? 그래서 탄생한 것이 루트($\sqrt{}$)야. $\sqrt{3} = 1.732050……$이 되고, $\sqrt{4} = 2$, $\sqrt{9} = 3$이 되지. 3의 제곱근을 1.732050……라고 복잡하게 쓸 필요없이. $\sqrt{3}$이라 간편하게 쓰면 돼.

이 루트를 처음 만든 사람은 독일의 수학자 크리스토프 루돌프야. 그는 1525년에 발간한 대수학 교과서에서 이 루트를 처음 사용했어. $\sqrt{}$ 기호는 '근'을 뜻하는 라틴어 '라딕스(radix)'의 맨 앞 글자 r을 변형해서 만들었어. $\sqrt{}$ 기호를 널리 알린 수학자는 독일의 미하엘 슈티펠이야. 그는 1544년에 발표한 《산술 백과》에서 $\sqrt{}$ 기호를 소개, 널리 사용되는 데 큰 역할을 했어.

41 곱셈, 나눗셈 기호의 탄생

분수 모양에서 나온 나눗셈 기호

곱셈과 나눗셈 기호는 덧셈과 뺄셈 기호에 비해 많이 늦은 17세기에 와서야 사용하기 시작했어. 곱셈 기호 ×는 1631년, 영국의 수학자 윌리엄 오트레드가 출판한 《수학의 열쇠》를 통해 처음으로 사용했어. 오트레드가 어떻게 ×를 곱셈 기호로 사용하게 되었는지는 알려지지 않았어. 그런데 곱셈 기호 ×는 알파벳 X와 너무 비슷했기 때문에 사람들이 쉽게 받아들이지 않았지. 일부 수학자는 곱셈 기호를 '·'으로 사용하기도 했어. 19세기에 들어서면서 ×를 곱셈 기호로 많이 사용하게 되었지.

한편 오트레드는 곱셈 기호 외에도 150여 가지 수학 기호를 제시했어. 그가 제시한 기호 중에서 현재까지 사용되는 기호는 곱셈 기호 ×를 포함하여 비율을 나타내는 점 ':', 두 수 사이의 차를 나타내는 데 사용되는 기호인 '~'가 있어.

나눗셈 기호 ÷는 스위스 수학자 요한 하인리히 란이 1659년, 출판한 수학책에서 처음 사용했어. 나눗셈 기호 ÷는 분수의 모양에서 따왔다고 해. 분수의 분자와 분모를 점으로 나타낸 거지. 이 기호는 그 전에 이미 유럽의 일부 국가에서 뺄셈 기호로 사용해 왔어. 심지어 스칸디나비아의 몇몇 국가에서는 20세기까지 뺄셈 기호로 사용했어.

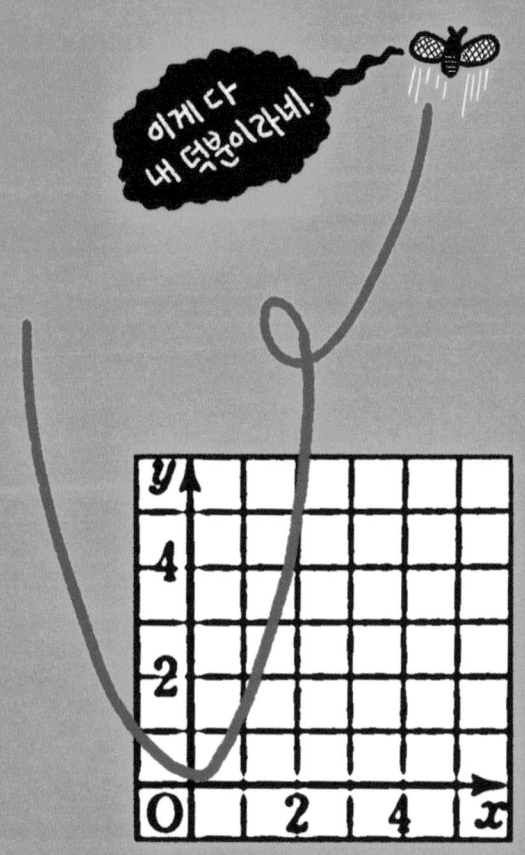

42 데카르트의 해석기하학

천장에 붙은 파리로부터 탄생한 해석기하학

르네상스 이후 유럽은 대항해 시대를 거치면서 지도 제작이 활발해졌고, 17세기 들어서는 지도에 위치를 표시하는 문제에 관심이 커졌지. 항해하는 선박의 위치와 항로를 쉽게 나타낼 방법이 필요했던 거야. 이때 프랑스의 수학자이자 철학자인 르네 데카르트는 좌표평면을 발견했어. 좌표는 점의 위치를 나타내는 기준이 되는 표야. 그는 우연히 침상에 누워 있다가 천장에 붙어 있는 파리 한 마리를 보았고, 그 파리의 위치를 나타내는 방법을 찾으려다 가로세로 수직선을 그린 좌표평면을 생각해 냈어.

좌표평면의 가로로 놓인 축을 x축, 세로로 놓인 축을 y축이라고 하고, 두 축이 만나는 점을 원점이라고 하지. 데카르트의 좌표평면 발명은 수학 역사에서 아주 중요한 사건이었어. 도형을 좌표평면 위에 놓고 대수학의 식을 이용해 분석할 수 있고, 반대로 식을 기하학의 그래프로 그릴 수 있었거든. ==이렇게 대수학에서 기하학을 다루고 기하학에서 대수학을 다루게 되면서 '해석기하학'이 탄생했어.== 해석기하학에서는 기하학의 도형을 좌표로 나타내고 도형을 식으로 해석하면서 도형의 특성을 분석하지. 예를 들어 이차방정식의 값을 좌표평면에 나타내면 포물선 모양의 그래프가 돼. 반대로 좌표평면에 그린 포물선 모양에 따라 이차방정식을 만들 수도 있어. 이를 이용해 포물선을 수학적으로 연구할 수 있게 되었지.

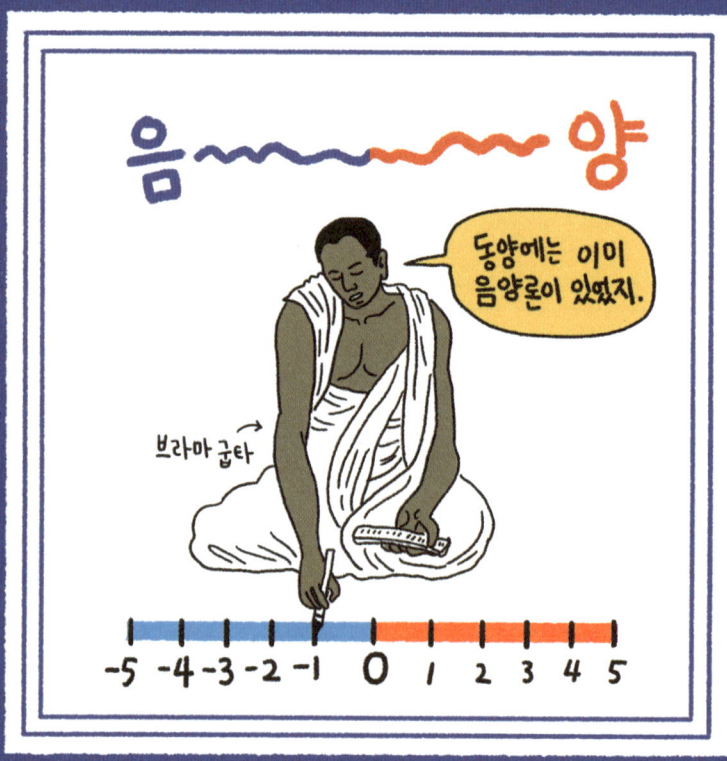

43 음수의 사용
음수를 이해하기 시작하다

데카르트는 좌표 직선 위에 0보다 작은 수인 음수를 표시했어. 수직선의 원점에 0을 표시하고 그것을 기준으로 오른쪽에 양수, 왼쪽에 음수를 표시했거든. ==음수는 양수와 크기는 같지만 0을 기준으로 반대 위치에 놓인 수라는 거지.== 이것은 음수를 이해하는 데 아주 중요한 계기가 되었어.

기원전 2~3세기경, 중국의 수학자 유휘가 정리한 《구장산술》을 보면 중국인들은 이미 2000년 전부터 음수를 계산했어. 중국에서 이렇게 일찍부터 음수를 이해할 수 있었던 이유는 동양 사상의 기본인 음양론 덕분이라고 해. 인도에서도 7세기, 수학자 브라마 굽타가 음수 곱하기 음수는 양수라는 내용이 실린 책을 남겼어. 이 책은 8세기경, 아라비아로 건너가서 12세기경, 유럽에 전해졌지.

==유럽의 수학자들은 책을 통해 음수에 관해 알고 있었지만, 오랫동안 음수를 의미도 없고 실용성도 없다고 생각했어.== 음수는 아무것도 없는 0보다 작기 때문에 모순된 수나 잘못된 수라고 생각했지. 그런데 복잡한 계산을 하면서 0보다 작은 수를 정확하게 표현하는 방법이 필요했어. 0보다 정확히 얼마가 더 부족한지 알아야 했거든. 이렇게 음수의 사용이 점점 많아지면서 그 개념을 조금씩 이해하기 시작했지. 그러면서 점차 음수의 개념이 명확해졌고, 음수는 수학에서 없어서는 안 되는 중요한 존재가 되었어.

44 허수의 발견

상상의 수, 허수를 발견하다

음수를 두 번 곱하면 양수가 돼. -2 × -2 = 4잖아. 그렇다면 두 번 곱했을 때 음수가 나오는 수가 있을까? 16세기까지 수학자들이 알고 있던 수인 자연수, 분수, 소수, 음수, 무리수 중에는 그런 수가 없었어. 그런데 16세기, 이탈리아 수학자 지롤라모 카르다노는 삼차방정식의 해를 구하는 과정에서 이상한 수를 발견했어. 삼차방정식의 해를 구하는 공식에서 제곱하여 음수가 나오는 수가 있었기 때문이야. 카르다노는 이 수를 쓸모없다고 하면서 무시하려 했지. 하지만 이런 수가 이차방정식에서도 발견되었어. x의 값을 구하는 이차방정식에서 x의 값에 제곱했을 때 -15가 되는 수가 포함된 거야. 카르다노는 이 이상한 수도 억지로 계산을 하면 결국엔 실수의 근이 나오기도 한다는 사실을 알아냈어. 처음으로 음수의 제곱근을 계산한 거지.

17세기 들어서 좌표평면을 발명한 데카르트는 좌표평면 수직선 위에 나타낼 수 없는 음수의 제곱근을 이상한 수라 생각했어. 그는 음수의 제곱근을 상상의 수라고 불렀지. 이 상상의 수가 바로 허수야. 18세기에는 스위스 수학자 레온하르트 오일러가 허수의 기본 단위를 만들었어. 1에서 시작하여 1씩 커지는 자연수의 기본 단위를 1이라고 하잖아. 허수의 기본 단위도 필요했던 거야. 허수의 기본 단위를 $\sqrt{-1}$라고 정했는데, $\sqrt{-1}$은 제곱해서 -1이 나오는 수야. 그리고 $\sqrt{-1}$을 간단히 i라고 나타냈지.

45. 로그의 발명

곱셈을 덧셈으로 바꿔 계산하면서 발명한 로그

천문학이 발달하면서 천문학자들은 매우 큰 수를 사용해야 했어. 예를 들어 어떤 행성이 지구에서 1억 km 떨어졌다고 하면, 1억을 100,000,000로 표시해야 하는데, 여간 불편한 게 아니었지. 그래서 100,000,000을 간단하게 10^8으로 표시했어. 10^8은 10을 8번 반복해서 곱한다는 뜻이야. 수학에서는 이를 거듭제곱이라고 하고, 곱하는 수인 10을 '밑'이라 부르며, 곱한 횟수인 8을 '지수'라고 해.

17세기, 천문학에 관심이 많았던 영국 수학자 존 네이피어는 매우 큰 수를 쉽고 편리하게 계산하는 방법을 찾기 위해 노력했어. 그러다 거듭제곱의 성질을 이용하여 곱셈을 덧셈으로 바꿔 계산하는 방법을 생각해 냈지. 예를 들어 3을 4번 곱한 수와 3을 5번 곱한 수를 곱하면, 3을 9번 곱한 3^9과 값이 같다는 거야. 식으로 표현하면, $3^4 \times 3^5 = 3^9 = 3^{(4+5)}$이 돼. 이렇게 같은 제곱수 간의 곱은 지수의 합으로 나타낼 수 있어. 여기서 아이디어를 얻은 그는 지수끼리 더해 곱셈의 값을 빨리 찾을 수 있는 연산 기호를 만들었어. 로그(log)를 발명한 거야. 예를 들어 3^4은 $3 \times 3 \times 3 \times 3$, 즉 81이지. 이것은 로그를 이용하면 $\log_3 81 = 4$로 표시할 수 있어. 로그는 미리 밑수를 정해 두고 로그값을 계산해 표를 만들면, 그 표만 보고 쉽게 복잡하고 큰 수를 계산할 수 있어.

46 파스칼의 삼각형

현대 확률론의 기초를 닦은 파스칼

17세기, 프랑스의 수학자 블레즈 파스칼은 도박사로부터 "어느 쪽이 이길지 예측할 수 없는 게임을 하던 두 사람이 도중에 그만두었을 때 게임에 건 돈을 어떻게 나누지?"라는 질문을 받았어. 파스칼은 이 질문에 흥미를 느끼고 수학자 페르마와 함께 연구, 1654년에 파스칼의 삼각형을 발표했어. 파스칼의 삼각형은 다음과 같아. 우선 첫 번째 줄에 숫자 1을 써. 그다음 줄의 항에는 바로 윗줄에 있는 두 수의 합을 넣어 삼각형 모양으로 써 내려가는데, 처음과 마지막 항은 항상 1이어야 해. 그러면 두 번째 줄은 1, 1, 세 번째 줄은 1, 2, 1, 네 번째 줄은 1, 3, 3, 1, 다섯 번째 줄은 1, 4, 6, 4, 1이 돼.

파스칼의 삼각형을 이용하면 게임에 건 돈을 쉽게 나눌 수 있어. 예를 들어 게임 실력이 비슷한 A와 B가 3판의 게임 중 2게임을 먼저 이기면 승리하는 게임을 한다고 해. 여기서 A가 한 번 이긴 후 게임을 중단할 때, 게임에 건 돈을 나누는 방법은 다음과 같아. A는 한 번, B는 두 번을 이겨야 게임을 완전히 이길 수 있어. 이때 파스칼의 삼각형을 보면, 셋째 줄에 있는 1, 2, 1에서 첫 번째 1은 A가 연속해서 두 번 이기는 방법의 가지 수(aa), 두 번째 2는 A가 한 번 더 이기는 방법의 가지 수(ab, ba), 세 번째 1은 B가 연속해서 두 번 이기는 방법의 가지 수(bb)와 같아. 따라서 A가 이기는 경우는 1+2=3가지, B가 이기는 경우는 1가지이므로 게임에 건 돈은 3 : 1로 나누면 돼.

47 통계학의 출발

시민의 사망표 분석에서 통계가 시작되다

16세기 이후, 영국은 세계 곳곳에 식민지를 만들어 갔어. 그러면서 세계 여러 나라로부터 다양한 물품이 들어왔고, 이에 따라 다양한 전염병도 함께 들어왔지. 영국 대도시는 전염병으로 인해 많은 사망자가 발생했어. 런던시는 17세기 초부터 시민의 사망자 수와 사망 원인 등을 집계한 사망표를 매년 발표했어. 당시 아마추어 수학자인 존 그랜트는 23년간 런던시에서 발표한 사망표를 분석했어. 그는 분석을 통해 전염병과 외국 무역에 대한 연관성을 밝혀냈고, 그 내용을 1662년, 《사망표에 관한 자연적 및 정치적 관찰》이란 책을 통해 발표했어. 이것이 통계학의 출발이야. 비슷한 시기에 영국의 경제학자 페티는 그랜트의 연구를 발전시켜 인구 통계표를 만들고 지구의 인구가 3억 6,000만 명이라고 발표했지.

1861년, 프랑스의 토목 공학자 샤를 미나르는 통계 분야에서 처음으로 그래픽을 사용했어. 그는 나폴레옹의 지휘 아래 러시아로 원정을 떠난 프랑스군 42만 명이 1만 명만 남게 된 과정을 단 한 장의 도표로 정리했어. 역사를 살펴보면 통계 그래프를 가장 효과적으로 사용한 사람 중 한 명은 백의의 천사로 알려진 나이팅게일이야. 그녀는 군 병원의 비위생적인 환경 때문에 환자들이 죽어 가는 현실을 개선하려고 했어. 그래서 영국 여왕과 왕립위원회를 설득하기 위해 통계 자료 그래프를 만들었지.

48 미분의 발견

움직이는 대상을 다루는 수학, 미분을 발견하다

17세기, 유럽 수학자들은 운동의 변화를 수학으로 알아내기 위해 노력했어. 예를 들어 포물선을 그리며 떨어지는 포탄의 움직임을 보면, 포탄이 떨어지는 전체 모양은 알 수 있지만, 포탄의 속도와 방향 변화는 알 수가 없어. 공전하며 타원 궤도를 그리는 행성의 움직임도 마찬가지야. 그들은 포탄과 행성이 순간적으로 움직이는 속도와 방향을 알고 싶었던 거야. 이때 필요한 수학이 미분이야. 미분은 움직이는 대상을 다루는 수학이거든.

1666년, 영국의 유명한 물리학자이자 수학자인 아이작 뉴턴은 행성의 움직임을 관찰하고 이를 수학으로 증명하기 위해 처음으로 미분을 발견했어. 행성은 어느 순간에는 빠르게 움직이고 어느 순간에는 느리게 움직여. 행성의 순간 속도를 구한다면 그 짧은 순간의 이동 거리를 계산하고 궤도를 정확히 알 수 있지. 그런데 움직이는 물체의 순간 속도는 정확히 알 수가 없어. 다만 순간 속도는 시간의 변화가 적을수록, 다시 말해 시간의 변화가 0에 가까울수록 정확한 값을 얻을 수 있지. 만약 시간 간격을 작게 하여 10분마다 움직이는 물체의 속도를 구한다면 속도의 변화량을 더 자세히 알 수 있고, 시간 간격을 1분, 1초, 0.1초로 더 작게 나누어 시간의 변화량을 적게 할수록 순간 속도에 더 가까운 값을 얻을 수 있어. 이렇게 아주 작게 나눈다는 뜻의 '미분'법을 이용하여 뉴턴은 행성의 움직임을 계산하고 운동 법칙을 밝혀냈어.

49 적분의 발견

미분을 거꾸로 연산하는 적분의 발견

뉴턴은 적분도 발견했어. 작은 것을 쌓아 올린다는 뜻의 적분은 영역의 면적을 측정하는 것과 관련이 있고, ==미분과 서로 동전의 양면 같아서 미분을 거꾸로 연산하면 돼.== 쉽게 설명하면, 4 + 2 = 6에서 6을 거꾸로 4로 만들기 위해서 더했던 2를 빼는 것과 같은 의미야. 뉴턴은 1687년에서야 《프린키피아》로 불리기도 하는 《자연 철학의 수학적 원리》를 통해 뉴턴의 운동 법칙과 행성의 운동 법칙, 만유인력을 발표했는데, 미분과 적분도 함께 소개했어.

달리는 자전거의 속도 변화를 나타낸 그래프를 통해 미분과 적분의 관계를 설명할게. 시간에 따른 속도의 변화를 나타낸 그래프에서 그래프의 넓이는 이동 거리를 뜻해. 예를 들어 한 시간 동안 10km를 달리는 자전거가 2시간 동안 움직인 거리는 20km야. 그런데 현실에서는 자전거의 속도는 계속 변해. 느리게 움직일 때도 있고 빠르게 움직일 때도 있지. 그래서 자전거의 속도 변화를 나타낸 그래프는 곡선으로 이루어져 있어. 이 곡선으로 이루어진 도형의 넓이를 구하는 방법이 바로 적분이야. 그래프를 시간에 대해 아주 작게 자른 후에 자른 면적들을 이어 붙여서 도형의 넓이를 구하는 거야. ==어떤 양을 아주 작게 나누어 순간의 변화하는 양을 알아내는 것이 미분이라면, 적분은 그 반대의 개념이지.== 미분과 적분의 발견으로 이제 수학으로 움직이는 것을 계산할 수 있게 되었어.

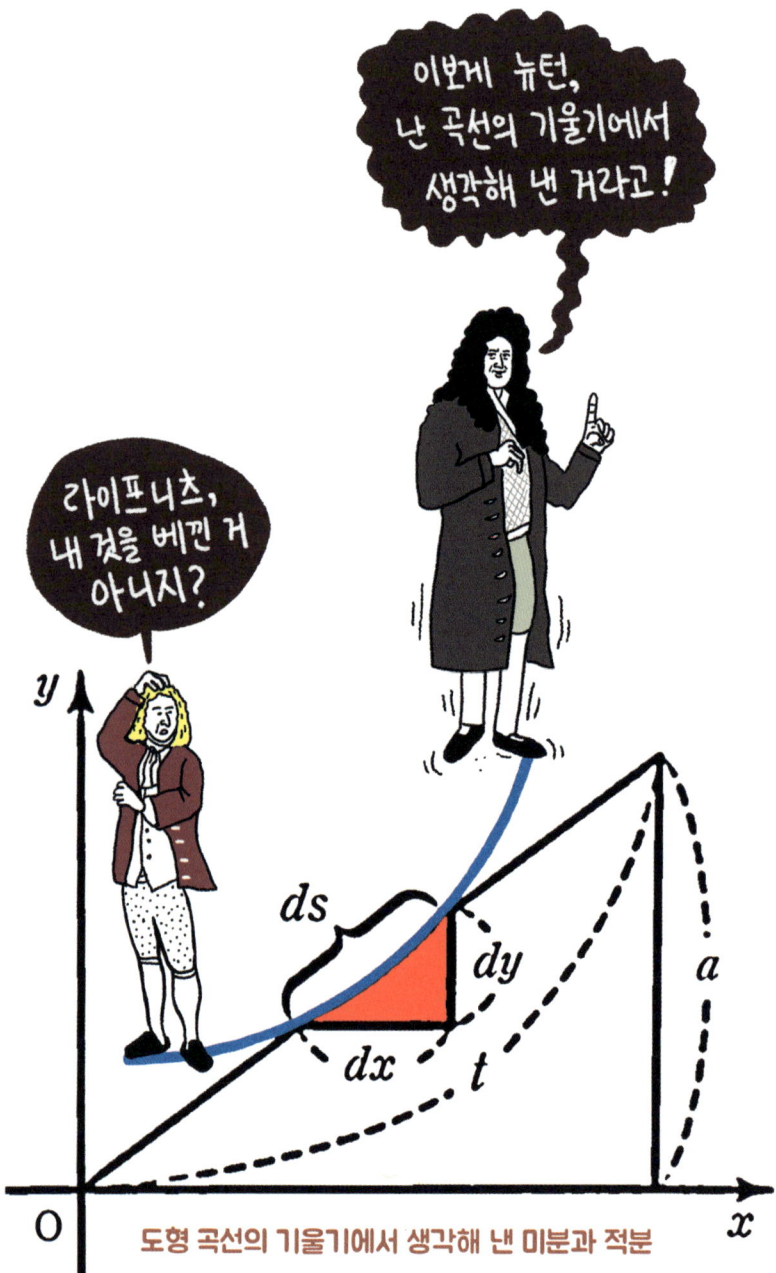

도형 곡선의 기울기에서 생각해 낸 미분과 적분

50 라이프니츠의 미적분 발견

미적분을 최초로 발표한 라이프니츠

뉴턴과 비슷한 시기에 독일에서도 미분과 적분을 발견한 수학자가 있었어. 고트프리트 라이프니츠라는 독일의 철학자이자 수학자야. 뉴턴이 물체의 움직임을 설명하는 과정에서 미분과 적분을 발견했다면, 라이프니츠는 좌표평면 위에 있는 도형의 모양을 설명하는 과정에서 미분과 적분을 발견했어. 도형 위에 점에서 접선의 기울기를 통해 미분과 적분을 생각해낸 거야. 그는 1675년경, 미분과 적분의 기본 내용을 알아내고 뉴턴보다 빠른 1684년, 논문을 발표하여 미분과 적분을 최초로 소개했어. 그는 미분과 적분이라는 말을 처음 사용했고, 기본 정리를 만들었어. 또 오늘날 사용하는 미분의 기호인 $\frac{dx}{dt}$와 적분의 기호인 $\int$를 처음 사용했지. 적분 기호는 면적의 합을 뜻하는 단어 섬(sum)의 s를 길게 늘렸다고 해. 우리가 고등학교에 가서 배우는 미분과 적분의 계산법도 라이프니츠가 만들었어.

그런데 영국의 수학자들은 라이프니츠가 뉴턴의 아이디어를 훔쳤다고 주장했어. 라이프니츠가 1673년, 영국 왕립학회를 방문하여 뉴턴의 미분 관련 미발표 논문을 읽은 적도 있고, 1676년에는 뉴턴이 미분을 설명하는 편지를 라이프니츠에게 보낸 적도 있었거든. 유럽의 수학자들은 미적분의 최초 발견자를 두고 오랫동안 논쟁을 벌였어. 결국 1820년, 두 사람 모두 각자의 방법으로 발견했음을 인정받아 미분과 적분의 동시 발견자가 되었어.

51 위상 수학을 개척한 오일러

도형의 연결 상태만을 연구하는 새로운 수학의 탄생

18세기, 스위스의 수학자 오일러는 독일의 옛 도시 쾨니히스베르그의 강과 섬에 놓인 일곱 개의 다리를 하나라도 다시 건너지 않고 한 번에 모두 건너는 문제를 연구했어. 그는 땅을 점으로 다리를 선으로 단순화하여 표시했어. 이 방법을 일반화시켜 그는 선을 떼지 않고 모든 선을 한 번만 지나서 제자리로 돌아오는 '한붓그리기'를 발견했고, 문제를 풀었어. 한붓그리기는 사물을 점과 선으로 된 도형으로 나타내고 한 번에 그리는 거야. 한붓그리기의 규칙도 발견했어. 한붓그리기가 가능하려면 홀수점이 없거나 2개인 경우에만 가능해. 한 점에 연결된 선분의 수가 홀수인 경우를 홀수점이라 하는데, 홀수점이 없으면 어느 점에서 출발해도 한붓그리기가 가능하고, 홀수점이 2개인 경우에는 반드시 한 홀수점에서 시작해야 다른 홀수점에서 끝나지.

오일러는 도형의 크기나 모양과 관계없이 연결 상태만을 나타내는 새로운 수학을 개척한 거야. ==이렇게 도형을 늘이거나 줄여 마음대로 모양을 바꾸어도 변하지 않고 유지되는 성질을 연구하는 분야를 위상 수학이라고 불러.== 예를 들어 위상 수학에서는 손잡이가 있는 컵은 구멍이 뚫린 도넛과 같은 모양으로 바꿀 수 있어. 머그잔과 도넛은 연결 상태가 같은 도형이거든. 반면에 손잡이가 없는 컵과 손잡이가 있는 머그잔은 연결 상태가 다르므로 성질이 전혀 다른 도형이지.

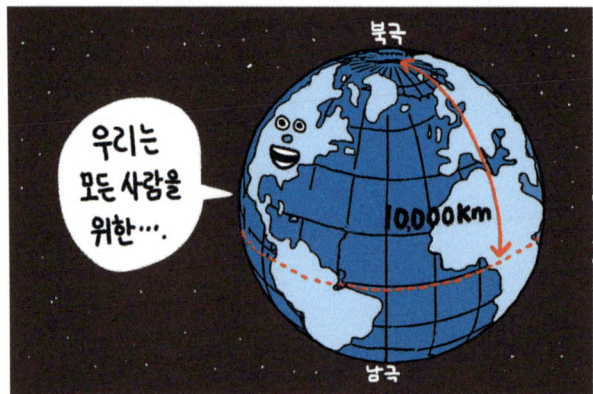

52 미터법의 탄생
모든 사람과 모든 시대를 위한 단위를 만들다

18세기 말, 현재 우리가 사용하는 미터법이 프랑스에서 시작되었어. 당시 프랑스는 시민 혁명을 통해 자유롭고 평등한 사회를 건설하고 있었지. 프랑스 혁명 정부는 새로운 사회 건설을 위해 새로운 도량형을 만들려 했어. 당시는 길이와 무게 단위와 같은 도량형이 정확하지 못하여 세금을 내거나 물건을 거래할 때 불편한 점이 많았거든. 사람 몸의 일부를 측정의 기준 또는 단위로 삼았는데, 몇몇 지식인들은 사람의 팔다리와 같이 제각각인 길이가 아니라 변하지 않는 것을 기준으로 삼아 새로운 길이 단위를 만들어야 한다고 주장했어. 그래서 프랑스 과학 아카데미는 지구 자오선에서 북극과 적도 사이 길이의 $\frac{1}{10,000,000}$ 을 새로운 길이 단위인 1m로 정했지. 이렇게 해서 미터법이 탄생한 거야.

그 후 미터법을 쉽게 사용할 수 있도록 미터의 큰 단위와 작은 단위도 만들었어. 1m의 1,000배를 1km, 1m의 $\frac{1}{100}$ 을 1cm로 정한 거야. 또 부피와 무게 단위도 정했지. 한 변이 1cm인 정육면체에 들어가는 물의 부피를 1cm³, 무게를 1g이라고 정한 거야. 한 변이 10cm인 정육면체에 들어가는 물의 양인 1,000cm³를 1ℓ라고 정했지. 프랑스는 이 미터법을 모든 사람을 위한 모든 시대를 위한 단위라고 선포했어. 이건 자기들이 만든 단위를 세계 단위로 삼겠다는 뜻이야.

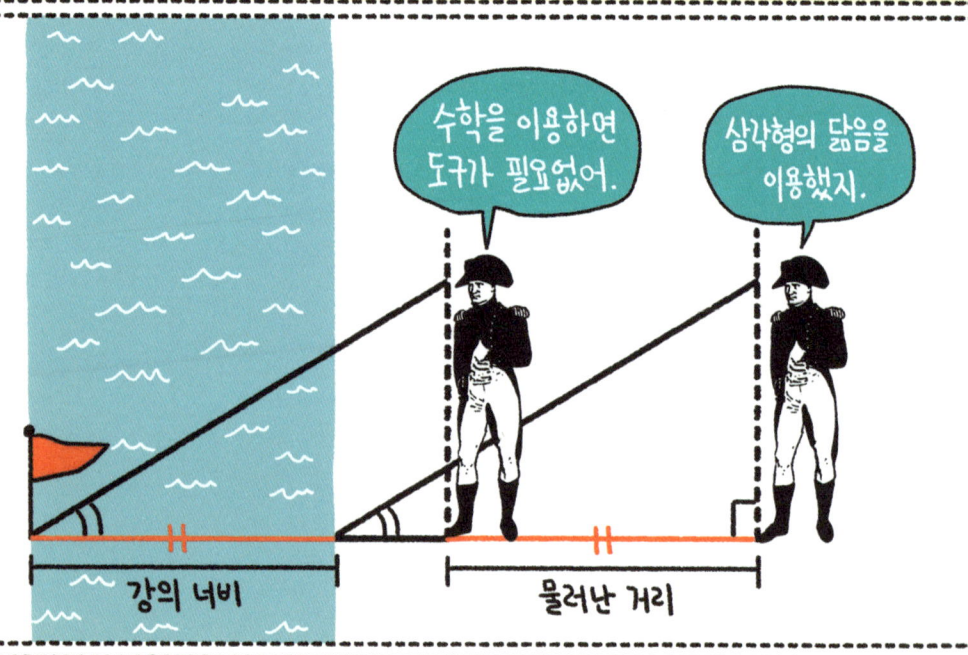

53. 나폴레옹과 수학
수학은 국력이다

세계사에 큰 발자국을 남긴 프랑스의 나폴레옹은 수학사에도 큰 영향을 끼쳤어. 그는 수학을 사랑했지. 유럽 정복을 위해 원정을 떠날 때도 프랑스 수학자들을 데리고 다녔다고 해. 프랑스 혁명 정부에서 만든 새로운 도량형인 미터법을 유럽에 퍼뜨리는 데도 큰 역할을 했어. <mark>미터법은 그 편리함 때문에 나폴레옹 원정 시기에 유럽으로 빠르게 퍼져 나갔지.</mark>

또 나폴레옹은 전쟁터에서 대포를 정확히 쏘기 위해 삼각비를 이용했어. 삼각비는 직각삼각형에서 세 변 길이의 비율을 뜻해. 삼각형 내각의 합은 항상 180도잖아. 그래서 직각삼각형에서 직각을 제외한 한 각의 크기가 같으면 직각삼각형은 항상 서로 닮음이 되어 변의 비율이 일정하지. 그 비율을 표로 정리한 것이 삼각비야. 전쟁터에서 대포를 쏠 때 삼각비를 이용하면 정확한 거리를 계산할 수 있어.

<mark>나폴레옹은 전쟁터에서 강 건너편 적군을 공격하기 위해 아무런 도구 없이, 수학을 이용해 강의 너비도 알아냈어.</mark> 나폴레옹은 자신이 쓴 모자를 기울여서 강 건너편의 한 지점과 일직선이 되도록 만들고, 모자의 기울기를 그대로 유지한 채 모자챙에 나폴레옹이 서 있던 쪽의 땅이 보일 때까지 뒤로 물러났어. 그리고 나폴레옹이 서 있던 곳에서 물러난 곳까지 거리를 재었는데, 이것이 바로 강의 너비였다고 해. 삼각형의 닮음을 이용한 방법이야.

54 천재 수학자 가우스

19세기 최고의 수학자, 가우스

　19세기 최고의 수학자는 독일 출신의 가우스야. 그는 어릴 때부터 수학의 천재였지. 말을 배우기 전에 계산부터 했다고 해. 초등학교 때 수업 시간에 있었던 유명한 일화가 있어. 선생님은 학생들에게 1부터 100까지 수를 모두 더하라는 문제를 냈어. 많은 시간이 필요할 거라는 예상과 달리, 열 살의 가우스는 금방 답을 제출했어. 가우스는 1부터 100까지의 수를 나열한 후에 거꾸로 100부터 1까지의 수를 나열하여 서로 짝지어 더하는 방법을 쓴 거야. 그러면 101이 모두 50개 생기므로, $101 \times 50 = 5,050$이거든. 대학생 시절에도 자와 컴퍼스만으로 2000년 동안 아무도 풀지 못했던 정17각형 작도법을 발견하여 수학계를 깜짝 놀라게 했어.

　그는 최소제곱법을 만들어 현대 통계학의 기초를 마련했어. 어림짐작으로 헤아린 값을 측정값이라고 하고, 참값과 측정값의 차이를 오차라고 할 때, 최소제곱법은 참값과 측정값의 오차가 가장 적은 값을 찾는 방법이야. 최소제곱법은 가우스가 사라진 소행성의 궤도를 찾아내는 데도 큰 역할을 했어. 1801년, 태양계에서 소행성 하나가 발견되었어. 세레스라 불린 이 소행성은 어느 날 감쪽같이 사라졌지. 세레스의 위치를 알아내기 위해 천문학자들이 경쟁했어. 가우스는 세레스를 발견했을 때의 자료와 최소제곱법을 사용하여 세레스의 궤도를 계산해 냈고, 다음에 나타날 지점을 정확히 예측했지.

55 비유클리드 기하학의 탄생

곡면이나 휘어진 공간에서 도형을 탐구하다

유클리드 기하학은 2000년 동안 절대 진리였고 기하학의 교과서 역할을 했어. 그런데 19세기에 그 위치가 흔들리기 시작했어. 유클리드 기하학에서는 삼각형 내각의 합은 180도이지만 볼록한 곡면에서는 삼각형 내각의 합이 180도보다 크고, 오목한 곡면에서는 삼각형 내각의 합이 180도보다 작아. 곡면에서는 유클리드 기하학이 통하지 않지. 결국 1826년, 러시아의 수학자 로바쳅스키는 '직선 밖의 한 점에서 그 직선과 평행한 직선을 그을 수 있다'는 유클리드 기하학의 평행선 공리를 부정했어. 비슷한 시기에 헝가리의 수학자 보여이도 곡면에서는 평행선이 존재하지 않음을 증명했지. 1854년, 독일의 수학자 리만은 곡면에서 평행선을 그을 수 없다고 선언했어. 이렇게 해서 탄생한 새로운 기하학이 바로 비유클리드 기하학이야. 비유클리드 기하학이라는 이름은 19세기 최고의 수학자인 가우스가 지었다고 해. 그도 오랫동안 비유클리드 기하학을 연구했거든.

==유클리드 기하학이 평면이나 찌그러짐 없는 공간의 도형 성질을 다룬다면, 비유클리드 기하학은 주로 곡면이나 휘어진 공간의 도형을 탐구하고 있어.== 비유클리드 기하학의 탄생은 수학 역사에서 가장 중요한 사건 중 하나야. 추상적인 수와 공간을 주로 다루는 현대 수학이 위상 수학에서 출발하여 비유클리드 기하학을 탄생시키며 발전했거든.

56 도량형의 통일
미터법이 세계적인 도량형이 되다

프랑스에서 만든 미터법은 나폴레옹의 원정을 통해 유럽에 전파되었지만, 정작 프랑스에서는 나폴레옹이 물러나고 다시 왕이 복귀하면서 미터법 제도가 제대로 시행되지 못했어. 그 후 왕정과 공화정이 뒤바뀌는 혼란이 계속되었고, 미터법은 뿌리를 내리지 못했지. 1870년, 프랑스는 새로운 공화국이 들어서면서 미터법을 널리 쓰게 되었어. 프랑스 정부는 미터법을 세계 공통의 도량형으로 만들기 위해 노력했지.

==1875년, 세계 17개국이 모여 미터 조약을 체결하고 미터법으로 도량형을 통일하기로 했어.== 국제도량형위원회가 설립되었고, 정기적으로 도량형 국제회의를 열기로 했어. 그 후 미터법을 채택하는 나라는 점점 늘었고, 세계적인 도량형으로 발전했지. 현재는 미터법을 채택하지 않는 나라는 미국, 미얀마, 라이베리아밖에 없어.

국제도량형위원회는 도량형 단위를 더욱 정밀하게 만들기 위해 노력했어. 그 후 m의 기준이 되는 지구 자오선 길이는 점점 정밀하게 측정되었고, 1m의 길이도 조금씩 변했지. 1960년에는 빛으로 m의 기준을 새롭게 정하기로 했어. ==1983년, 17차 국제도량형총회에서 1m의 기준을 빛이 진공에서 $\frac{1}{299,792,458}$ 초 동안 나아간 길이로 바꾸었어.==

57 집합론의 탄생

무한 집합의 크기를 비교하다

집합은 같은 성질을 가진 대상들의 모임으로, 집합을 이루는 대상 하나하나를 '원소'라고 해. 예를 들어 20보다 작은 3의 배수 집합은 {3, 6, 9, 12, 15, 18}로 나타내고, 이때 3, 6, 9, 12, 15, 18을 이 집합의 원소라고 하지. 이같이 원소 개수를 셀 수 있을 때는 유한 집합이라고 하는데, 반면에 원소 개수가 무수히 많은 집합을 무한 집합이라고 불러. 무한 집합은 자연수, 정수, 유리수의 집합처럼 원소 개수가 무수히 많아 다 셀 수 없는 경우야.

19세기, 독일의 수학자 게오르크 칸토어는 무한 집합에 관해 연구했어. 그는 자연수와 유리수 전체의 집합은 크기가 같고, 자연수 전체의 집합보다 실수 전체의 집합이 더 크다는 걸 증명했어. 무한 집합의 크기를 비교하고 포함관계를 밝혀낸 거야. 이때부터 현대 수학의 새 분야인 집합론이 시작되었어.

그 후 칸토어는 직선에 들어 있는 점의 개수와 평면에 들어 있는 점의 개수는 크기가 같다는 걸 알아내고, 어떤 집합이든지 그보다 더 큰 집합이 있음을 밝혀내어 가장 큰 무한 집합은 있을 수 없다고 주장했지. 칸토어의 집합론 덕분에 수학에서 수의 개념과 분류, 연산 법칙 등 수의 체계를 정리할 수 있었어. 예를 들어 자연수, 정수 집합은 유리수 집합에 포함되고, 이들 집합은 실수 집합에 포함돼. 칸토어에서 시작된 집합론은 오늘날 수학에 중요한 부분을 차지하고 있어.

58 컴퓨터의 탄생

0과 1을 이용해
컴퓨터를 발명하다

19세기, 영국의 수학자 조지 불은 복잡한 논리 문제도 수학으로 표현할 수 있고 참과 거짓도 알아낼 수 있다고 생각했어. 사람의 생각을 조립된 것으로 보았지. 그래서 기본 생각들을 조립하여 새로운 생각을 만들고, 다시 그 생각을 조립하여 또 다른 생각을 만든다고 봤지. 예를 들어 A와 B가 'AND(그리고)'로 연결되면 A와 B가 모두 참일 때만 참이고, A와 B가 'OR(또는)'로 연결되면 A와 B가 둘 다 거짓인 경우만 거짓이라는 거야. 1937년, 미국 MIT 대학의 섀넌은 전기 회로 스위치 배열로 2진법 계산과 불의 논리 수학을 표현했어. 10개의 숫자로 수를 나타내는 10진법과 달리 2진법은 0과 1 두 개의 숫자로 수를 나타내는데, ==0과 1을 스위치의 꺼짐과 켜짐으로 나타낸 거야.== AND는 직렬로 연결된 스위치 두 개가 모두 연결되어야 불이 들어오고, OR은 병렬로 연결된 스위치 두 개 중 하나만 연결되어도 불이 들어오도록 했어. ==이 이론을 바탕으로 영국의 수학자 앨런 튜링이 현대 컴퓨터의 기본 구조의 밑바탕이 된 튜링 기계를 생각해 냈어.== 튜링 기계는 어렵고 복잡한 계산을 빠르고 정확하게 해 내는 기계 장치야. 그리고 1946년, 세계 최초의 컴퓨터 에니악이 탄생했지. 에니악은 전쟁터에서 대포가 쏜 포탄의 궤적을 정확히 계산하기 위해 만들었는데, 진공관 스위치를 이용해 2진수를 나타내기 때문에 진공관 17,000개와 스위치 6,000개가 쓰였다고 해.

59. 나비 효과와 카오스 이론

예측 불가능한 현상에서 규칙을 찾다

컴퓨터는 현대 수학 발전에 큰 영향을 끼쳤어. 어려운 방정식이나 복잡한 함수도 간단하게 풀어 주었거든. 1963년, 미국의 수학자 에드워드 로렌츠는 컴퓨터를 사용해 기상 현상을 수학적으로 분석하다 이상한 것을 발견했어. 컴퓨터에 입력한 값의 무시해도 될 정도의 아주 작은 차이 때문에 엄청 다른 결과를 가져왔거든. 그는 초기의 아주 작은 차이가 시간이 지남에 따라 점점 커지며 나중에 매우 다른 결과를 가져온다는 이론을 내놓았지. ==로렌츠가 기상 현상을 분석한 방정식에서 나온 그래프 모양이 나비 모양이어서 이 이론을 나비 효과라고 불러.== 로렌츠는 브라질에서의 나비의 날갯짓이 미국 텍사스에 토네이도를 발생시킬 수 있다고 설명했어.

나비 효과 이론에서 카오스 이론도 탄생했어. 카오스 이론은 작은 변화가 예측할 수 없는 엄청난 결과를 낳는 것처럼 안정적으로 보이면서도 안정적이지 않고, 안정적이지 않은 것처럼 보이면서도 안정적인 현상을 설명하고 있어. 겉보기에 불안정하고 불규칙적으로 보이는 현상에서 질서와 규칙을 찾으려는 이론이지. ==예를 들어 공장에서 나온 연기가 공중에서 무질서하게 흩어지는 현상과 전염병이나 방사능이 퍼지는 현상에도 어떤 규칙이 있다는 거야.== 수학자는 컴퓨터와 카오스 이론을 이용해 이런 현상에서 예측 가능한 규칙을 발견하려 노력하고 있어.

프랙털 경연 대회

참가 번호 1번
눈송이 프랙털!

참가 번호 2번
사각 프랙털!

참가 번호 3번
육각 프랙털!

참가 번호 4번
꽃무늬 프랙털!

참가 번호 5번
삼각별 프랙털!

참가 번호 6번
삼각형 프랙털!

60 프랙털 이론

컴퓨터의 무한 반복 계산에서 프랙털이 시작되다

컴퓨터가 발전하여 매우 복잡한 구조의 함수를 다루고, 기하학적 그래프를 그려 내면서 새로운 기하학 이론이 탄생했어. 1975년, 프랑스의 수학자 브누아 망델브로가 시작한 프랙털 이론이야. 컴퓨터가 무한 반복 계산 과정을 거쳐 자기를 닮은 복잡한 도형을 계속 그려 내는 것에서 이 이론은 시작되었지. ==프랙털은 작은 구조가 전체 구조와 닮은 형태로 끝없이 되풀이되는 구조를 말해.== 자신의 작은 부분에 자신과 닮은 모습이 나타나고 그 안의 작은 부분에도 자신과 닮은 모습이 무한히 반복되어 나타나는 거야. 프랙털 구조는 자연에서 쉽게 찾을 수 있어. 울퉁불퉁한 해안선, 눈송이, 브로콜리 등을 보면, 무질서하게 보이지만 자세히 살펴보면 부분과 전체가 똑같은 모양인 프랙털 구조로 되어 있어. 우리 몸의 세포와 혈관이나 허파 꽈리, 뇌의 주름에서도 프랙털 구조를 볼 수 있지.

프랙털 이론을 이용한 컴퓨터 그래픽은 해안이나 숲과 같은 자연계의 복잡한 풍경이나 번개나 불꽃과 같은 자연 현상을 실물과 똑같이 나타낼 수 있어. ==예측하기 어려운 현상도 프랙털 이론으로 계산하여 표현하고 그래프로 그려 분석할 수 있어.== 바닷물의 흐름이나 에너지가 퍼져 나가는 모양도 프랙털 그래프로 분석할 수 있고, 금융이나 주식 등과 같은 경제 현상과 여론 변화와 같은 사회 현상도 분석이 가능하지.

에필로그

　숫자가 없었던 옛날에는 동물 뼈나 나무에 눈금을 그어 수를 기록했어. 이렇게 눈에 보이는 물건의 개수를 세기 위해 수를 기록하고 숫자를 만들면서 수학은 시작되었어. ==문명이 발달하자 인류는 숫자를 세는 기술을 뛰어넘어 복잡하고 추상적인 것을 다루기 시작했지.== 수를 더하고 빼고 나누고 곱하게 된 거야. 도형, 점, 선, 각 등을 다루는 기하학에도 숫자를 사용했어. 그러면서 도형의 넓이를 구하고 도형의 성질을 탐구하는 기하학이 발전했지. 또 상업이 발달하면서 복잡한 이자 계산을 위해 방정식이 발전했어. 미적분의 발견으로 움직이는 것을 계산하게 되었지. 미적분 덕분에 인류는 어떤 변화가 가져올 미래를 계산으로 예측할 수 있었지. 그리고 현대에 와서는 무질서하게 공중에 흩어지는 연기에서도 예측 가능한 규칙을 발견하려 할 정도로 수학이 발전했어.

　수학의 역사를 살펴보면, 수학은 다른 학문과 다른 특징이 있어. 다른 학문에서는 오랫동안 진리로 알던 이론이나 법칙이 세월의 흐름에 따라 잘못된 점이 밝혀지고 새로운 이론이나 법칙의 등장으로 폐기되거나 수정되는 경우가 많지. 하지만 완벽한 증명을 통해 새로운 이론이나 법칙이 나오는 수학은 달라. 아주 먼 옛날부터 수를 세는 아주 쉬운 방법에서 시작하여 조금씩 어려운 수학으로 발전해 왔어. ==새로운 이론이나 법칙이 나오면 앞에 나왔던 이론이나 법칙을 가리지 않고 그 위에 쌓여 가면서 높은 단계로 발전한 거야. 그러면서 수학은 더욱 넓어지고 깊어졌어. 현대에 비유클리드 기하학이 나왔다고 고대 그리스에서 나왔던 유클리드 기하학은 빛이 바래지 않거든. 오히려 기하학의 범위가 넓어지고 그 수준이 높아진 거야. 그래서 수학의 역사는 우리가 수학을 배우고 이해하는 과정과 비슷해. 우리는 학교에 들어가서 처음에 수를 세는 것부터 시작해서 연산, 도형의 성질, 방정식, 함수, 확률, 통계, 집합 등 수학의 발전 역사에 순서대로 나오는 수학 영역을 차례대로 배우거든. 그래서 수학의 역사를 알면 수학 공부에 도움이 되지.

  수학은 선사 시대부터 지금까지 인류의 문명을 발전시켰어. 수학 덕분에 우리는 시간을 표시하고, 지도를 만들며, 배와 비행기를 타고 먼 곳으로 갈 수 있으며, 우주선을 타고 달에도 갈 수 있지. 만약 우리 생활 속에 수학이 없다면 너무나 불편할 거야. 우리에게 없어서는 안 되는 컴퓨터와 스마트폰도 탄생하지 않았을 거니까. 당장 우리가 피자를 사람 수에 맞게 나눠 먹을 때도 분수가 필요한데, 수학이 없다면 정말 상상하기 힘든 세상이 될 거야.

  수학을 재미있게 배우려면 인류가 어떻게 수학을 발전시켜왔는지를 알면 돼. 이 책을 통해 수학에 흥미를 느끼고 재미를 가졌으면 해. 그리고 세상을 살아가는 데 꼭 필요한 수학의 힘을 기르기를 바라.

참고 도서

정동권 지음, 《교사를 위한 수학사 개론》, 경문사, 2018

나카무라 시게루·무로이 카즈오 지음, 전재복 옮김, 《수학 속의 역사, 역사 속의 수학》, 북스힐, 2018

더크 스트뤽 지음, 장경윤 외 2인 옮김, 《간추린 수학사》, 신한출판미디어, 2020

안소정 지음, 《누구나 읽는 수학의 역사》, 창비, 2020

지오딘 사르다르, 제리 라베츠 지음, 양영철 옮김, 《수학사 아는 척하기》, 팬덤북스, 2021

김리나 지음, 《수학이 풀리는 수학사1: 고대》, 휴머니스트, 2021

김리나 지음, 《수학이 풀리는 수학사2: 중세》, 휴머니스트, 2021

김리나 지음, 《수학이 풀리는 수학사3: 근대》, 휴머니스트, 2021

김민형 지음, 《역사를 품은 수학, 수학을 품은 역사》, 21세기북스, 2021

우에가키 와타루 지음, 오정화 옮김, 《처음 읽는 수학의 세계사》, 탐나는책, 2023

과학 잡지 〈뉴턴〉(2008. 12.)

과학 잡지 〈뉴턴〉(2011. 2.)

과학 잡지 〈뉴턴〉(2013. 4.)

과학 잡지 〈뉴턴〉(2013. 8.)

과학 잡지 〈뉴턴〉(2018. 5.)

과학 잡지 〈뉴턴〉(2020. 1.)

한 컷이라는 콘셉트의 힘

① 한 컷 쏙 과학사
글 윤상석 | 그림 박정섭 | 감수 정인경

② 한 컷 쏙 수학사
글 윤상석 | 그림 박정섭 | 감수 이창희

③ 한 컷 쏙 한국사 (근간)

④ 한 컷 쏙 세계사 (근간)

⑤ 한 컷 쏙 생활사 (근간)

⑥ 한 컷 쏙 발명 발견사 (근간)

⑦ 한 컷 쏙 경제사 (근간)

⑧ 한 컷 쏙 예술사 (근간)